Eine kulinarische Entdeckungsreise

Peter Sawallich • Regina Jacobsen

Eine kulinarische Entdeckungsreise

AMRUM, FÖHR, HELGOLAND UND ST. PETER-ORDING MIT BÜSUM, HEIDE UND TÖNNING

UMSCHAU

INHALT

ÜBERSICHTSKARTE 10

VORWORT 13

AMRUM 14

Hotel-Restaurant Seeblick 18
„Seeblicker" Lammschulter im Römertopf

Hotel & Restaurant Neptun 22

Restaurant „Oomes Hüs" 24
Steinbeißerfilets garniert mit Lauchzwiebelgemüse

Ual Öömrang Wiartshüs 26
Amrumer Meeräsche

Hotel-Restaurant Friedrichs 28
Amrumer Fischpfanne

Restaurant Seekiste 30
Schornsteinfeger

Bäckerei – Konditorei – Café Claussen 32

Restaurant & Klönstuv Achterdeck 34

Restaurant Hualewjonken 38
Amrumer Lammröllchen

Restaurant Likedeeler 40
Wolfsbarsch im Speckmantel auf süß-saurem Linsengemüse

Hotel-Restaurant „Weiße Düne" 42
Salzwiesenlammrücken im Strudelteig

Restaurant Klabautermann 44
Schnitzel „Friesische Art"

Restaurant Zum Steuerrad 46
Überbackene Miesmuscheln

Blaue Maus 48
Heide im Nebel

FÖHR 50

Frädrich Ferienwohnungen 54

Restaurant Friesenstube 56
Zanderfilet à la Friesenstube

Fischerhus & Norwegerstube 58

Hotel-Restaurant Fering Hüs 60
Föhrer Kohlpudding

Das Weinkontor am Glockenturm 62

Alte Druckerei. Die Weinstube 63

Café-Konditorei Steigleder 64

Föhr-Amrumer Bank eG 68

Hotel-Restaurant Schloss am Meer 70
Himbeer-Panna Cotta
und „Geeiste Föhrer Luft"
im Krokantkörbchen

Café-Restaurant Klein Helgoland 72
Krakauer Kirsch-Käse-Streusel

Landhaus Laura 74
Gratiniertes Steinbeißerfilet

Midlumer Krog 76
Gefülltes Schollenfilet

Altes Landhaus 78
Schweinemedaillons „Landhaus"
mit Bauernsalat und Baguette

Föhrer Kerzenscheune und Teestube 84

Restaurant Zum Schlachter 86

Wollflur 88

Ual Fering Wiartshüs 90
Hornhecht auf geschmorten Gurken
mit Dillsauce

Stelly's Hüüs 92
Mohnkuchen

Restaurant Ual Pesel 94
Gebratene Schollenfilets
auf Spinatgemüse mit Krabbensauce

INHALT

Café-Restaurant Ual Skinne 96
Meerforelle von Maître Luc à l'unilatérale…

HELGOLAND 98

Helgoländer Fährhaus 102
Helgoländer Angeldorsch auf Tomaten-Lauchgemüse

Bistro am Siemensplatz 104

Schokoladen Manufaktur Helgoland 106

Restaurant „Galerie" 108
Gegrillter Hummer mit Hummersauce

Bunte Kuh 110
Pannfisch (Gebratenes Seelachsfilet mit Bratkartoffeln und Senfsauce)

Restaurant & Hotel Zum Hamburger 112
Seeteufel „Hanseaten-Art"

Falmhotel und Ristorante Bellavista 114
Gamberoni Bellavista

Eiergrogstube 116

ST. PETER-ORDING 118

Der Richardshof 122

Olsdorfer Krug 124
Geschmorte Rehkeule

Landhaus an de Dün 126

Haus Schragen 128

Café & Hotel Rasmus 129
Friesentorte

Hotel Twilling 132

BÜSUM/HEIDE 134

Café Kröger 136
Büsumer Sandgebäck

Tee- & Weinhaus Hansen 138

TÖNNING 140

Restaurant Windrose im Hotel Miramar 142
Dorschfilet „Fünf Weiden"

Kulinarische Empfehlungen 144

Verzeichnis der Rezepte 148

Eine kulinarische Entdeckungsreise –

Amrum, Föhr, Helgoland und St. Peter-Ording mit Büsum, Heide und Tönning

Die Zahlen 128 sind identisch mit den Seitenzahlen der einzelnen Betriebe in diesem Buch und bezeichnen ihre Lage in der Region.

„Wer nicht deichen will muss weichen“, dieses uralte Motto macht auch heute noch Sinn im Westen Schleswig-Holsteins. Deswegen begegnen einem auf der Reise von der Elbmündung aufwärts überall mächtige Deiche gegen Sturmfluten. Ohne sie sähe das „Land zwischen den Meeren“ anders aus – auch die Inseln.

Amrum – Wittdün mit seinem Hafen, dem Naturschutzzentrum und der Promenade: Hier ist was los, Cafés, Restaurants und Geschäfte laden zum Bummeln ein. Per Bus kommt man überall hin, auch in die Dörfer Steenodde und Süddorf. Sie gehören zur Gemeinde Nebel und sind umgeben von Wald, Heide und Feldern. Hier finden sich Hügelgräber aus weit zurückliegenden Zeiten. Nebel hat jede Menge Friesenhäuser und erzeugt ein Gefühl, als sei die Zeit stehen geblieben. Norddorf ist seit Ende des 19. Jahrhunderts anerkanntes Nordseebad – Hochhäuser oder Massentourismus findet man hier nicht. Dafür jedoch eine hervorragende touristische Infrastruktur.

Föhr liegt windgeschützt hinter Amrum und Sylt. Das macht sich am Baumbestand bemerkbar. Auch hier gibt es den Inselbus und ebenso eine „Inselbahn“. Von Wyk aus starten alle Bus- und Fährlinien. Seit 1819 hat Wyk Stadtrecht, zu Kaisers Zeiten war es ein beliebter Badeort. Das sieht man der Architektur an. Shoppen, Flanieren, im Café sitzen oder gediegen speisen, das alles bietet der Hauptort – und die Dörfer sind die ideale Ergänzung dazu.

Lange Anna, Börteboote, Hummer – wer diese Begriffe hört, weiß sofort, dass es sich um Helgoland handelt. Vormittags bis nachmittags kommt es zur regelmäßigen Invasion der Hochseeinsel: Tagestouristen sind die „Okkupanten“, die per Schiff Helgoland als Shoppingmeile ansteuern – die Ruhe danach ist ungemein entspannend.

St. Peter-Ording – riesige Sandbänke, Strandsegler, Gaststätten auf Pfählen – dieses Bild kennen viele von dem Ort am Westzipfel von Eiderstedt. Strand, Meer und Luft sind in das touristische Kapital des Ortes.

Unternehmen Sie mit diesem Buch eine kleine Gedanken-Reise in diese so attraktive Region und besuchen Sie dabei auch Tönning, Heide und Büsum – viel Vergnügen!

AMRUM

Amrum wird von schleswig-holsteinischen Tourismus-Vermarktern immer wieder gern als „Perle der Nordsee“ bezeichnet. Ganz Unrecht haben sie damit nicht, denn das nur 20 Quadratkilometer große Eiland bietet alles, was man sich für einen erholsamen Urlaub erhofft. Im Vordergrund steht dabei die Natur mit ihrem so wohltuenden Einfluss auf Geist und Seele, also auf die Ausgeglichenheit.

Der Kniepsand im Westen Amrums gehört nicht nur zu den schönsten, sondern auch zu den breitesten Stränden Europas. Wer hier wandernd in sich gehen und das Wellenspiel genießen will, ist dazu fast immer eingeladen. Es sei denn, es herrscht so richtig starker Sturm, dann empfiehlt es sich, alternativ den steifen Punsch ohne den eigentlich geplanten Spaziergang zu genießen. Denn wenn die Sandkristalle an solchen Tagen ins Gesicht peitschen, sollte man seinen Bewegungsdrang besser einschränken.

Seit 1890 genießt Amrum den Status eines Nordseebades. Derzeit leben rund 2.100 Einwohner zwischen Norddorf und Wittdün. Im Süden der Insel herrscht ein reger Schiffsverkehr: Fähren kommen an und

legen ab, Fischkutter tuckern hinaus, und alle möglichen Wasserfahrzeuge sorgen dafür, dass es immer was zu gucken gibt. Große Entfernungen gibt es in Wittdün nicht wirklich. Schnell ist man beim Leuchtturm, von wo aus man einen wunderbaren Rundblick genießt. Von hier oben erkennt man die Schönheiten dieser „Perle“, den sich weit dahinziehenden Kniepsand, die Dünenwelt und die angrenzenden Waldstücke. Dahinter, Richtung Osten, liegen die Felder und Weiden und schließlich das ruhige Wattenmeer. Sylt, Föhr, das Festland und die Halligen kann man ebenfalls erspähen. Für den Rückweg nach Wittdün mit seiner guten touristischen Infrastruktur bietet sich die kilometerlange Strandpromenade an.

Die Gemeinde Nebel umfasst gleich drei Ortsteile: Neben dem historischen Ortskern zählen Süddorf und Steenodde dazu. Süddorf wird eingerahmt von im Sommer satt blühenden Heideflächen sowie von Wald und Wiesen. Hier entdeckt man das bäuerliche Leben der Insel, zu dem auch ein besuchenswerter Ponyhof gehört. Steenodde kann mit einem wertvollen Pfund wuchern: Von dieser historischen

Gemarkung mit ihren schönen Reetdachhäusern und zahlreichen Hünengräbern hat man einen prächtigen Blick auf das Wattenmeer und die Hafenbucht. Interessante Ausblicke also für Sehleute von jahrtausendealtem Kulturland aus.

„Im Ortskern von Nebel ist die Vergangenheit Gegenwart geblieben", beschreibt ein Gastronom die Besonderheit seines Wirkungskreises. Recht hat er, denn in dem alten Friesendorf gibt es ganze Straßenzüge, die nur aus den inseltypischen reetgedeckten Ständerhäusern bestehen. Ihr Eindruck ist prägend, so dass man diese dörfliche Atmosphäre nie wieder vergisst.

Die Zeit ist in Nebel jedoch nicht stehen geblieben: Zahlreiche Cafés und originelle Lokale laden dazu ein, sich auf Amrumer Art verwöhnen zu lassen. Danach könnten Sie sich das Museum, die Windmühle oder die St. Clemens-Kirche anschauen – oder den Tag am unweit gelegenen Badestrand genießen.

Der Name Friedrich von Bodelschwingh ist ganz eng mit der Geschichte von Norddorf verbunden. Der Pastor erkannte 1890 die wohltuende Wirkung des idyllischen Ortes und seiner reizvollen Umgebung und ließ hier seine so genannten „Seehospize" erbauen. Seither fanden Generationen von Urlaubern und gesundheitlich angeschlagenen Festländern in Norddorf Erbauung und neue Kraft.

Der Erholungsfaktor ist bis heute geblieben. Vor allem, weil es die Einheimischen verstanden haben, Massentourismus und Bettenburgen fern zu halten. Viele Stammgäste des Ortes honorieren das. Dafür bekommen sie eine perfekte Ferienwelt mit hervorragenden Hotels, Restaurants und einem runden Fitness- und Veranstaltungsprogramm. Norddorf bietet ein zeitgemäßes Kurmittelhaus mit Meerwasserschwimmbad, einen Vorzeigestrand mit Sportmöglichkeiten sowie ein Seevogelschutzgebiet mit Naturzentrum. Man kann in der Gemeinde auch flanieren und ohne Auspuffgase die Auslagen in den kleinen Geschäften in aller Ruhe betrachten.

BADESTRAND NEBEL

1
Willkommen auf Amrum

HOTEL-RESTAURANT SEEBLICK

Das Hotel „Seeblick" im Zentrum von Norddorf gehört zu den Traditionshäusern der Insel – es wurde 1914 im Auftrag von Bernhard Hinrichs errichtet. Das Vier-Sterne-Hotel ist nach wie vor in Familienbesitz: Hinrichs Enkelin Angelika Hesse führt das Haus zusammen mit ihrem Sohn Gunnar und dessen Frau Nicole. Alle drei sind Vollblut-Gastgeber – und das spürt man in jeder Ecke des Seeblick-Komplexes. 1982 wurde das Hotel komplett neu gebaut und den Bedürfnissen anspruchsvoller Urlaubs-, Wellness- und Tagungsgäste angepasst. Zum umfassenden Angebot des Hauses gehören separate Einheiten für Einzelzimmer, Suiten, Ferienwohnungen sowie ein grandioser Wellnessbereich mit Erlebnisschwimmbad. Trotz seiner Größe fügt sich das Hotel harmonisch ins Ortsbild an der Fußgängerzone Strunwai ein.
Der Name „Seeblick" besteht zu Recht, denn von der zweiten Etage aus kann man tatsächlich wunderbar auf die Nordsee blicken – extra dort bereit gestellte Ferngläser helfen bei der Betrachtung der Natur.
Küchenchef Gunnar Hesse sammelte reiche Erfahrungen an den besten Adressen der Gastronomie-Szene von Sylt bis in die Schweiz – renommierte Sterneköche wie Jörg Müller oder Josef Viehhauser gehörten zu seinen lehrreichen Wegbegleitern. Gunnar und seine Frau und Hotelfachmeisterin Nicole stiegen im Sommer 2000 in den Betrieb ein. Familie Hesse und ihr flottes

Hotel-Restaurant Seeblick

Strunwai 13
25946 Norddorf

Telefon 0 46 82/92 10
Telefax 0 46 82/25 74

Team haben den modernen Betrieb als eine der führenden Adressen auf der Insel etabliert. Dabei kommt die Nähe zum Gast nie zu kurz – mit einer Nonchalance, die einem Urlaubshotel bestens zu Gesicht steht.
Auf den Tisch kommen nur frische Produkte. So oft es geht, stammen diese aus der Region, etwa Lamm und Rind von nordfriesischen Bauern oder die Austern und Muscheln aus dem Wattenmeer.
Gunnar Hesse fühlt sich als Mitglied der „Europäischen Union der Köche" („Eurotoques") verpflichtet, verantwortungsbewusst und auf höchster qualitativer Ebene zu arbeiten. Seine Speisekarte bietet deshalb neben dem Tagesmenü eine ausgesprochen breite Auswahl von der traditionellen schleswig-holsteinischen Kost bis zur Gourmet-Küche. Dabei fällt dem Gast die Wahl nicht immer leicht, wenn es um kross gebratene Meeräsche an Bärlauch-Risotto geht oder gefüllten Ochsenschwanz mit Kartoffel-Oliven-Gnocchi oder Tarte Tatin von Apfel und Birne „aus Omas Garten" mit Calvados-Eis und Williams-Sabayon.
Spezielle Auszeichnung: Das „Schleswig-Holstein Gourmet Festival" macht alljährlich Station im Seeblick. Die Weinkarte ist übrigens originellerweise nach „Neuer und Alter Welt" geordnet: Die Rebsorten „alter", europäischer Provenienzen stehen neben den „neuen" Weinbaugebieten in Südafrika, Chile oder Australien.

„Seeblicker" Lammschulter im Römertopf

Zutaten
(für 2 Personen)

1 Lammschulter vom Amrumer oder Nordfriesischen Salzwiesenlamm (geht aber auch mit Lammkeule oder Bratenstücken vom Lamm)
0,5 l Rotwein
0,5 l Lamm- oder Kalbsfond
2–4 rote Zwiebeln
1 Stangensellerie/englischer Sellerie
1 grüne Zucchini
½ Knollensellerie
20 kleine neue Kartoffeln
½ Knoblauchzehe
Rosmarin, Thymian, Currykraut
Ibiza Meersalz, Olivenöl,
weißer Pfeffer aus der Mühle

Zubereitung

Von der Lammschulter den Stempel und überflüssiges Fett entfernen. Keule mit Kräutern, Knoblauch und Olivenöl 1–2 Tage marinieren. Römertopf 30 Minuten in warmem Wasser einweichen. Schulter salzen und pfeffern und in einer heißen Pfanne von allen Seiten anbraten, mit Rotwein und Jus ablöschen und in den Römertopf geben, ca. 1,5 Stunden (je nach Größe) bei 180 °C Umluft garen.
In der Zwischenzeit Gemüse waschen und in streichholzgroße Stücke schneiden, die Kartoffeln abbürsten und 15 Minuten in Salzwasser köcheln lassen. Wenn die Schulter gar ist, den Knochen an der Unterseite entfernen und wieder in den Topf geben.
Gemüse und Kartoffeln kurz anbraten und mit den Kräutern in den Topf geben, noch weitere 30 Minuten alles zusammen fertig garen. Im Römertopf servieren und die Schulter am Tisch tranchieren.

Details zum Delikat-Hesse Shop:

- Ganzjährig geöffnet
  Im Winter Sonntag Ruhetag
- Hausgemachte Spezialitäten wie Sauerfleisch im Glas, Konfitüre, Rote Grütze, Vanillesauce sowie Öle und Essige aus eigener Produktion
- Verschiedene Tee- und Kaffeesorten, frisch gemahlen
- Weiß- und Rotweine aus fast der ganzen Welt, Sekt und Champagner zu Außer-Haus-Preisen
- Tassen, Teller und Gläser mit klassischen, aber auch mit inseltypischen Motiven
- Jahreszeitliche Dekorationen und Artikel
- Online Shop unter www.delikat-hesse.de

HOTEL & RESTAURANT NEPTUN

Hotel & Restaurant Neptun

Familie Johannsen

Strunwai 7
25946 Norddorf

Telefon 0 46 82/12 34
Telefax 0 46 82/42 04

Gaby und Tino Johannsen sind seit 1986 Inhaber des Hotel-Restaurants „Neptun“ mitten in der Fußgängerzone von Norddorf. Die Chefin stammt gebürtig aus Flensburg, ihr auf der Insel groß gewordener Mann erlernte eben dort seinen Beruf als Koch. Mit acht Betten ist das Hotel nicht nur schnuckelig und überschaubar, sondern auch äußerst gemütlich. Kein Wunder, dass das Ehepaar mit seinem achtköpfigen Team einen großen Anteil an Stammgästen hat. Und die wissen unter anderem zu schätzen, dass sie bis zum herrlichen Sandstrand nur zehn Minuten laufen müssen.
Ebenfalls nehmen die Hausgäste gern das Angebot wahr, sich via Halbpension allabendlich im Restaurant verwöhnen zu lassen – jeden Tag steht ein wechselndes Fisch- oder Fleischgericht zur Auswahl. Das schmeckt während der warmen Jahreszeit auf der großzügig angelegten Terrasse doppelt gut.
Viele Gäste sind verblüfft, wenn sie das große Salatbuffet des Restaurants zum ersten Mal sehen. Der Chef meint augenzwinkernd dazu, „das ist die größte Salatbar Norddorfs“. Bei über zwanzig leckeren Salat- und Kürbis-Variationen mit diversen eigenen Dressings glaubt man dies dem typisch nordfriesischen Gastgeber aufs Wort.
Die Speisekarte des ebenfalls sehr geräumigen Restaurants kann sich mit ihrer großen Auswahl an regionalen und internationalen Gerichten sehen lassen. Klar, dass ein Mann von Amrum auch ein gutes Händchen für heimische Spezialitäten hat. Dazu gehört natürlich Fisch – besonders zu empfehlen

sind die Schollenfilets, zubereitet nach Art des Hauses, genauso wie Grünkohl oder Labskaus.
Auf die korrekte Zubereitung des Seefahrerschmauses legt Tino Johannsen sehr viel Wert: „Wir kochen unseren Labskaus im Gegensatz zu sehr vielen anderen Gaststätten ohne Rote Beete. Die rote Farbe kommt im Urrezept nämlich nicht vom Saft der kleinen Rüben, sondern vom rötlichen, gepökelten Rindfleisch“, stellt der Küchenchef zur traditionellen Kochweise seines Hauses fest. Wobei man im „Neptun“ die Rote Beete nicht vergisst, vielmehr wird sie nebenher als Beilage serviert, und selbstverständlich gehört auch bei den Johannsens ein Spiegelei zum perfekten Labskaus – gar keine Frage.
Dass man im „Neptun“ auch sehr schön feiern kann, hat sich inselweit herumgesprochen. Familien, Vereine und Firmen kommen immer wieder gern in den Norddorfer Strunwai, um sich rundum verwöhnen zu lassen. Dabei spielt die hauseigene Bar „Onerbäänke“ eine nicht unwesentliche Rolle, denn dort ist Gemütlichkeit pur angesagt. In der lauschigen maritimen Atmosphäre der urigen Kneipe hat schon manch ein Gast bei gepflegten Getränken vergessen, auf die Uhr zu schauen...

OOMES HÜS

Restaurant Oomes Hüs

Ute und Claus Lund

Dünemwai 4
25946 Norddorf

Telefon 0 46 82/21 99
Telefax 0 46 82/42 83

Um es gleich aufzuklären: Der friesische Name des Hauses bedeutet „Omas Haus“. Entsprechend gemütlich ist es bei Ute und Claus Lund eingerichtet. Betritt man das Restaurant im Herzen Norddorfs, fühlt man sich sofort wohl in der norddeutschen Atmosphäre, die die beiden Gasträume (einer ist für Nichtraucher) vermitteln.

Das um 1900 errichtete Haus mit seinem gepflegten Garten hat etwas Märchenhaftes an sich. Die Urgroßmutter von Ute Lund, die aus einer der „alten“ Inselfamilien stammte, wohnte einst hier.

Seit über 25 Jahren kümmert sich das Ehepaar im „Oomes Hüs“ um seine Restaurantgäste. Als die Lunds das Haus übernahmen, steckte die Amrumer Gastronomie fast noch in den Kinderschuhen. Claus und Ute verabschiedeten sich damals von ihrem ursprünglichen Plan, aufs Festland zu gehen, und ließen sich in dem Idyll am Dünemwai nieder. Sie bauten das Haus aus, bezogen das obere Stockwerk und sind seither Saison für Saison sehr geschätzte, weil liebenswürdige Gastgeber.

Die vielen Stammgäste schwärmen nicht nur für die frischen, ausgewählten Zutaten, die das engagierte Team auf den Tisch bringt, sie freuen sich auch immer wieder neu auf die Mischung von Altbewährtem aus der Region – etwa Birnen, Bohnen und Speck oder dem auf der Zunge zergehenden Aal in Dillrahmsauce und Außergewöhnlichem wie flambierten Scampi in Knoblauchcurry-Rahm.

Die zehn Tische sind flott belegt, dennoch werden keine Reservierungen vorgenommen. Immerhin lässt es sich im lauschigen

Garten beim Studium der Speisekarte vortrefflich warten.
Fisch bildet den Schwerpunkt der Stamm- und Tageskarte. Claus Lund, der es liebt, ohne feste Rezeptvorgaben kreativ zu kochen, bietet auch Exoten an, die man sonst auf der Insel eher selten findet: Bei Hokifilet oder Merlan muss man schon mal kurz überlegen, in welchem der Ozeane dieser Fisch eigentlich heimisch ist…
Der Genießer freut sich so oder so: Schließlich kann er auch noch zwischen Leckerbissen vom Holsteiner Rind, Kalbsnierchen oder Flugente wählen. Die meisten Waren stammen aus der Region, der Fisch immer wieder vom Amrumer Kutter.
Dazu kann man Weine aus nahezu allen deutschen Anbaugebieten bestellen, hinzu kommen italienische und französische Tropfen.
Kinder sind in „Oomes Hüs" übrigens ausgesprochen gern gesehen, allein deshalb, weil die Gastgeberin ein großes Herz für sie hat und sich selbst – so sie kann – um die Lütten kümmert. Dadurch haben die Eltern noch ein wenig mehr von ihren kulinarischen Entdeckungen.

PS: Die Lunds bieten auch schöne Ferienwohnungen für zwei Personen in ihrem Haus „Kiek in See" an – direkt am Naturschutzgebiet gelegen, in unmittelbarer Nähe von Strand, Kurmittelhaus und Schwimmbad.

Steinbeißerfilets garniert mit Lauchzwiebelgemüse

Zutaten

800 g Steinbeißerfilet
6–8 Lauchzwiebeln
4–6 Tomaten
2 Schalotten
2 Knoblauchzehen
½ Stange Porree
1 EL Öl
Basilikum, Salz, Pfeffer

Zubereitung

Für die Garnitur Zwiebeln fein hacken und im Öl andünsten. Lauchzwiebeln klein schneiden, mit den entkernten, enthäuteten, geviertelten Tomaten und den in Streifen geschnittenen Porree dazugeben. Bei schwacher Hitze kurz andünsten (1 Minute), mit den Gewürzen abschmecken.

Die Fischfilets säubern, salzen, pfeffern, mehlieren und in der Pfanne braten.
Die Garnitur über den Fisch verteilen. Dazu reichen wir einen gemischten Salat und Petersilienkartoffeln.

UAL ÖÖMRANG WIARTSHÜS

Hotel-Restaurant
Ual Öömrang Wiartshüs

Bräätlun 4
25946 Norddorf

Telefon 0 46 82/8 36
Telefax 0 46 82/14 32

Der Ursprung des „Ual Öömrang Wiartshüs" – des „Alten Amrumer Wirtshauses" – geht auf das 18. Jahrhundert zurück. Das ursprüngliche Gebäude fiel jedoch einem Feuer zum Opfer – was wegen der Reetdach-Bauweise in Nordfriesland bis in die heutige Zeit immer wieder passiert. Der Vater von Hans Decker funktionierte es Mitte letzten Jahrhunderts zum Wiartshaus um, zehn Jahre später gliederte er das Hotel an.
1973 übernahm Hans nach der Ausbildung zum Koch in Flensburg und Stationen in Hamburg und Süddeutschland das Anwesen. 1986 zwang ihn besagter Brand dazu, das Haus völlig neu aufzubauen. Das Hotel bietet zwölf gemütliche Zimmer unter Reet. Die Hausgäste haben die Wahl zwischen Halb- und Vollpension, aber auch Urlauber, die sich anderswo eingemietet haben, sind bei Ute Decker und ihrem Mann stets willkommen.
Den ungezählten Stammgästen des „Ual Wiartshüs" ist es zu verdanken, dass einige Gerichte zum Standard auf der Speisekarte gehören: Wildente, Omas Fischpfanne, Steinbutt und Aal aus eigener Räucherei sind dermaßen beliebt, dass die Deckers sie nicht aus dem Angebot nehmen können.
Regionale Fischgerichte geben ohnehin den Ton auf der Menükarte an. Dazu bietet das „Wiartshüs" vorwiegend Weine von deutschen, italienischen und französischen Weinbergen. Als viel gerühmte Spezialität gilt der Eiergrog à la Decker. Der hat es in sich, so dass es sich lohnt, von vornherein ohne Auto zu kommen.
Selbstredend hat die Insel-Küche ihren Stellenwert, deshalb kommen die Gäste immer wieder – wegen der Qualität und des vortrefflichen Geschmacks. Doch allein die heimelige Atmosphäre des Wirtshauses reicht aus, um dort immer wieder Platz zu nehmen. Dazu trägt auch das zuvorkommende Personal bei: Die Frühstücksdame Inge-Marie Christiansen bereichert das Haus schon seit fünfundzwanzig Jahren, ihr Kollege Gerfried Gehlke gar seit dreißig. Mit viel Liebe zum Detail hat das Ehepaar Decker eine Umgebung geschaffen, die jede

Menge friesisches Ambiente vermittelt. Die Delfter Kacheln etwa brachten die Seefahrer einst als Ballast mit zurück in die Heimat – sie konnten aus dem abgebrannten Gebäude gerettet werden.
Schiffe und Accessoires von den Küsten der Meere prägen die Räumlichkeiten mit ihren Balkendecken. Den Boden bedecken Terracotta-Fliesen aus einem alten Kloster in der Normandie – ein Mitbringsel von Sammler Hans Decker.
Das sehenswerte Ambiente ist eine vorzügliche Ergänzung zum kulinarischen Angebot der „Wiartshüs"-Küche. Wer in den beiden Räumen des Restaurants keinen Platz findet oder einen lauen Sommerabend genießen möchte, kann sein Mahl auch im sehr schön eingewachsenen Garten vorm Haus einnehmen. Zwischen Bäumen und Rosenstöcken verweilt man gern noch ein wenig, um den Urlaubstag harmonisch vollendet ausklingen zu lassen.

Amrumer Meeräsche

Zutaten & Zubereitung

Für die Rotweinzwiebeln:
300 g rote Zwiebeln
0,4 l Rotwein
0,2 l Weißwein
Zwiebeln in Streifen schneiden, in Butter anschwitzen, mit dem Wein ablöschen und sirupartig einkochen.

Für die Rahmpfifferlinge:
800 g Pfifferlinge
50 g Butter
200 ml Sahne
Salz, Pfeffer
50 g Speck
1 kleine Zwiebel
Petersilie
Fleischbrühe
Zwiebeln und Speck würfeln, anbraten, Pfifferlinge kurz mit anschwitzen, mit Brühe ablöschen und mit Sahne auffüllen, einkochen bis zur Sämigkeit.

Für die Spinatnudeln:
200 g Mehl
100 g Hartweizengrieß
1 Ei
3 Eigelb
3 EL Öl
Spinatpulver, Mehl
Alle Zutaten zu einem elastischen Teig verkneten, eventuell etwas kaltes Wasser dazugeben. Abdecken, 1,5 Stunden ruhen lassen, mit dem Rollholz ca. 1,5 mm dick ausrollen, in 0,5 cm schmale Streifen schneiden.

Für die Meeräsche:
200 g pro Person als Filet
Mit Salz, Pfeffer und Zitrone würzen, von beiden Seiten in Butter braten, bis die Haut schön knusprig ist.
Rotweinzwiebeln und Rahmpfifferlinge auf vorgewärmten Tellern anrichten. Als Beilage die Nudeln reichen. Die Meeräsche auf den Pfifferlingen anrichten.

HOTEL-RESTAURANT FRIEDRICHS

Hotel-Restaurant Friedrichs

Uasterstigh 18
25946 Nebel

Telefon 0 46 82/9 49 70
Telefax 0 46 82/94 97 17

Das „Hotel-Restaurant Friedrichs" hat historisch gesehen eine große Bedeutung für das alte Friesendorf Nebel. Hier wurde sozusagen der Grundstock für den Fremdenverkehr des beschaulichen Ortes gelegt.
Hinrich Georg Friedrichs war der Avantgardist, der als erster Insulaner zielgerichtet zur Unterbringung von Sommerfrischlern und Badegästen ein Hotel in das Zentrum des Dorfes baute. Mit seiner Frau Mathilde Henriette eröffnete er den repräsentativen Bau im Jahre 1898. Der gelernte Schlachter und Gastwirt errichtete ein zweigeschossiges Logierhaus, das mit seiner ungewohnten Bauart alle Reetdächer des gewachsenen Dorfes deutlich überragte. Dafür konnte er seinen Gästen einen bis dato auf Amrum kaum gekannten Komfort bieten.
Allein Nebel war um die vorletzte Jahrhundertwende herum alles andere als ein Kur- oder Badeort – Hauptgrund: Dem Dorf fehlt das Meer unmittelbar vor Ort.
So folgten schwere Jahre für das Ehepaar Friedrichs und seine sechs Kinder. Doch dank der Schlachterei und der Poststelle konnte dieses wirtschaftliche Tief überwunden werden.
Aus dem Hotel wurde zwischen 1928 und 1973 ein Kinderheim, bis Volkert Friedrichs, der Enkel des Erbauers, zusammen mit seiner Frau Gundel aus dem schmucken Backsteinbau ein Fischrestaurant werden ließ.
1997 übernahm die vierte Familiengeneration das heute sehr populäre „Hotel-Restaurant". An der Seite des Urenkels Hinrich Friedrichs kümmert sich dessen Lebenspartnerin Ute vorbildlich um das Wohl der Gäste.
Das mit liebevoller Hand neu gestaltete Familienhotel mit 24 Betten strahlt eine außerordentlich persönliche und komfortable Atmosphäre aus. Im urig-gemütlichen Restaurant verwöhnt Küchenchef Mario Ohnesorge mit sorgfältig zubereiteten regionalen und internationalen Gerichten à la carte.

Fisch steht dabei im Vordergrund. Und wer exquisit zubereitete Miesmuscheln mag, sollte sie im „Friedrichs“ probieren. Spezialität der Küche ist der raffiniert abgeschmeckte Sud aus Wein und Sahne – ein Gedicht!

Für Festlichkeiten aller Art ist das „Friedrichs“-Team ein kompetenter Ansprechpartner. Übrigens ist der Chef des Hauses nicht nur Gastronom und studierter Hotelbetriebswirt: Er engagiert sich zudem auch als Betreiber der beiden „Inselbahnen“ auf Amrum und Föhr.

Amrumer Fischpfanne

Zutaten
(für 1 Person)

150 g frisches Fischfilet, z. B. Seelachs, Rotbarsch oder Steinbeißer (möglichst fest im Fleisch), in Würfel geschnitten
40 g Garnelen und Miesmuschelfleisch
Zwiebelwürfel
frische Champignons
rote und grüne Paprikawürfel
Porreestreifen
Curry, frischer Knoblauch, Salz und Pfeffer

Zubereitung

Die frischen Fischfiletwürfel in der Pfanne anbraten, Muscheln und Garnelen hinzugeben. Die Zwiebeln und das Gemüse unterschwenken und mit Salz, Pfeffer und Curry nach Geschmack würzen. Wer es mag, kann auch mit Chili nachwürzen. Als Beilage bieten sich hervorragend Butterreis oder auch deftige Speckbratkartoffeln an.

RESTAURANT SEEKISTE

Restaurant Seekiste

Smääljaat 2
25946 Nebel

Telefon 0 46 82/6 40
Telefax 0 46 82/14 21

Das malerische Reetdachhaus, das die „Seekiste" beherbergt, liegt ein wenig versteckt in einem romantischen Querweg des Friesendorfes Nebel, unweit der Windmühle und der St.-Clemens-Kirche. Über 31 Jahre hinweg verwirklichte hier der ambitionierte Gastronom Wellem Peters seinen Lebenstraum. Das einstige Haus des Dorfschusters und Kirchendieners und der frühere Antiquitätenladen wird seit Januar 2007 von Johann Metzker weitergeführt. Ganz im Sinn seines Vorgängers, mit dem der junge Mann sieben Jahre zusammen hinter dem Herd stand.
Weiterhin empfängt die Gäste des urigen Restaurants ein farbenfrohes, blumengeschmücktes Ambiente rund ums Haus sowie im mediterran anmutenden Wintergarten. Selbst wenn der Himmel weint, kann man dort an die frische Luft treten.
Das zweistöckige Restaurant wird von warmen Holzarten dominiert. Walzähne, niederländische Kacheln und Bilder mit maritimen und Schiffsmotiven geben lebhafte Einblicke in die Seefahrer-Vergangenheit.
In der Küche stehen seit jeher Frische und Qualität der Zutaten im Vordergrund.
Die so genannte „Nouvelle Cuisine" findet bei Johann Metzker eher weniger statt. Vielmehr setzt er auf Altbewährtes: Auch bei hohem Anspruch kann der Gast zufrieden und satt nach dem „Seekisten"-Besuch in sein Quartier gehen.

Auch in puncto Auswahl der Weine hält sich der neue Wirt an die guten Erfahrungen seines Vorgängers, der selbst regelmäßiger Besucher der verschiedenen Anbaugebiete war. Die edlen Tropfen stammen deshalb noch immer oft direkt vom Winzer.
Die Speisekarte wird zu einem Großteil von Fisch und Lamm geprägt. Die ausgesprochen leicht angelegte Saisonküche folgt dem Kalender der Jahreszeiten: Matjes und Spargel sind im Frühjahr Trumpf, Rübenmus zum Lammbraten im Herbst.
Ein sehr beliebter Hauptgang des Nebeler Treffpunkts nennt sich übrigens „Nachtmahl des Inseldoktors“; dahinter verbergen sich eingelegter Hering, Räucherlachs, Nordseekrabben und „Ööksensees“, ein typisch Amrumer Käse. Ebenfalls auf der Favoritenliste: süß-saure Ente mit Drambuie-Honigkruste. Und die Fischsuppe des Hauses sucht ihresgleichen, genauso wie die aus Schweden stammenden „Schornsteinfeger“, deren Hauptbestandteil stramm angebratene, kleine, ausgenommene Heringe sind. Auf jeden Fall: guten Appetit.
Die lange Gästeliste der Seekiste ist bunt und weit gefächert – auch die Alt-Bundespräsidenten Richard von Weizsäcker und Roman Herzog gehören dazu. Bereits zur nachmittäglichen Kaffeezeit herrscht in dem einmaligen Lokal oft schon Andrang, abends dann strömen die Urlauber herbei, um einen schönen Tag in netter Runde gebührend ausklingen zu lassen.

Schornsteinfeger

Zutaten

ca. 25 kleine, frische, ausgenommene Heringe
5 EL Butter
Salz, reichlich Dill

Zubereitung

Heringe sorgfältig waschen und trocken tupfen. Eine große gusseiserne Pfanne mit wenig Butter einreiben, erhitzen, dann den Boden mit einer dünnen Schicht Salz bestreuen.
Die Heringe hineinlegen und von beiden Seiten knusprig braten, bis sie fast schwarz sind – damit sie ihren Namen auch verdienen. Vor dem Servieren die Schornsteinfeger mit reichlich gehacktem Dill bestreuen.
Dazu werden in der „Seekiste" Bratkartoffeln und im Winter Büsumer Kraut gereicht – ein mildes Weinsauerkraut mit Krebsbutter angeschmort und mit Crème fraîche und Weißwein verfeinert.

BÄCKEREI – KONDITOREI – CAFÉ CLAUSSEN

Bäckerei – Konditorei – Café Claussen

Waasterstigh 25
25946 Nebel

Telefon 0 46 82/26 43
Telefax 0 46 82/29 68

Stellen Sie sich vor, Sie schlummern morgens während Ihres Urlaubs friedlich vor sich hin und werden vom unvergleichlichen Duft frisch gebackener Brötchen geweckt. In Nebel passiert das Einwohnern wie Feriengästen allmorgendlich, zumindest, wenn sie in der Nähe der Bäckerei „Claussen" wohnen. Denn dort werden Brötchen, Brote, Kuchen und Torten von je her in der im Souterrain ausgebauten Backstube hergestellt. Das appetitanregende Aroma ist hier also vorprogrammiert.
Die Bäckerei wurde bereits Ende des 19. Jahrhunderts von Bäckermeister Bernhard Siegfried Hansen gegründet. Der hatte einen Gesellen zur Seite und versorgte den immer beliebter werdenden Ferienort mit allem, was man von einem guten Meister erwarten konnte.
Der Steinbackofen war eines der wichtigsten Utensilien in seiner Backstube: Dieser wurde mit Steinkohle befeuert. Die Glut wurde aus der Backröhre herausgeholt, dann konnte das Schwarzbrot gebacken werden. Anschließend reichte die Hitze noch für Kuchen und anderes Gebäck. Außerdem brachten die Dorfbewohner regelmäßig ihre Kuchenteige zum Abbacken.
Das Hansen-Brot gelangte eine Etage höher im eigenen Laden zum Verkauf. Zudem waren die Backwaren per Pferdegespann unterwegs, etwa nach Norddorf oder zu den Kinderheimen.
Bäckerei nebst Grundstück konnte dann Bäckermeister Karl Claussen 1951 von Bernhard S. Hansen junior kaufen; der Sohn des verstorbenen Firmengründers wanderte – wie so viele Amrumer – nach Amerika aus.

Der heutige Chef, Konditormeister Uwe Claussen, übernahm die Bäckerei im Januar 1979 von seinem Vater. Mit seiner Frau Ute sorgte er im Herbst desselben Jahres für den „großen Umbau“: Der heutige Laden wurde angebaut, und das Café sowie die Backstube wurden großräumig erweitert. Im Mai 1980 waren alle froh, die neuen Geschäftsräume in Betrieb nehmen zu können.
Mit Sohn Henning ist die spätere Nachfolge bereits vorgeklärt. Nachdem der Filius auf Föhr das Bäckerhandwerk erlernt hatte, ging er nach Kiel, um sich dort im renommierten „Café Fiedler“ in der Kunst des „süßen Backwerks“ weiterzubilden.
Uwe und Ute Claussen schätzen sich glücklich, langjährige Mitarbeiter zu beschäftigen. Der ganzjährige Betrieb ermöglicht es dem Unternehmen außerdem, Bäcker, Konditoren und Fachverkäuferinnen auszubilden. Aushilfskräfte vom Festland verstärken in der Saison das eingespielte Team.
Im Sommer lockt der sonnige Kaffeegarten und lädt die Gäste am Morgen zum Frühstück, am Nachmittag zu Kaffee und Kuchen oder in der Mittagszeit auch zu kleinen Speisen ein. Auf Rote Grütze, Milchreis und leckere Eisbecher muss ebenfalls niemand verzichten. Ist die Wetterlage mal nicht so schön, bietet das gemütliche Café genügend Platz. Hier können Sie sich mit Pharisäer, „Toter Tante“ oder frisch aufgebrühten Teespezialitäten wieder aufwärmen.

„Ein Muss für jeden Café-Gast ist der Genuss unserer Friesentorte“, rät Ute Claussen. Feiner Blätterteig, Pflaumenmus und Vanillesahne sind die an sich einfachen Ingredienzien dieser Spezialität.
Die reichhaltige Auswahl an Kuchen, Torten und anderen Leckereien wird täglich frisch hergestellt. Die Verwendung bester Rohstoffe und Zutaten – hauptsächlich gute Butter – versteht sich von selbst.
Gleich nach der Saison beginnt die Weihnachtsbäckerei. Das Sortiment für die Advents- und Weihnachtszeit besteht aus vielen verschiedenen Sorten Plätzchen, Christstollen und „Kenkentüüch“, das in den friesischen Weihnachtsbaum gehängt wird. Auch die „Harten-Kringel“ sind etwas Besonderes, nämlich ein Kümmel-Anis-Gebäck, das die Amrumer dereinst mit auf ihre Fangtouren nahmen. Alle Insulaner von nah und fern lieben diese Kringel. Deswegen gelangen sie auch per Post Jahr für Jahr in alle Welt.
Die ausgesprochen herzliche und ungezwungene Atmosphäre des Hauses hat schon ungezählte Urlauber und Einheimische zu treuen Stammgästen werden lassen.

RESTAURANT & KLÖNSTUV ACHTERDECK

Restaurant Achterdeck

Nissen-Lippmann GbR

Uasterstigh 5
25946 Nebel

Telefon 0 46 82/26 26
Telefax 0 46 82/9 60 09

Die Familie Nissen (-Lippmann) kann auf über sechzig Jahre gastronomische Erfahrung zurückblicken. Die Erfolgsgeschichte der Familie hat direkt neben dem „Achterdeck" im „Friesen-Café" in Nebel angefangen. In den 50er Jahren des letzten Jahrhunderts wurde das Kaffee- und Teehaus mit den selbst gemachten Torten schon bald nach seiner Eröffnung zu einem beliebten Anziehungspunkt in dem aufstrebenden Urlaubsort.
Das Haus, in welchem sich heute das Restaurant „Achterdeck" befindet, kann auf eine durchaus wechselvolle Geschichte zurückblicken: Erbaut wurde es um die vorige Jahrhundertwende als Wohngebäude. Später war hier für viele Jahre auch ein dorftypischer Kaufmannsladen untergebracht und danach eine urige und gut besuchte Kneipe namens „Kombüse".
Eben dieses Nachbarhaus des „Friesen-Cafés" wurde 1998 von Peter und Irmtraud Lippmann gekauft und von Grund auf saniert. Der gut gehende Betrieb besteht in seiner heutigen Form seit 1999.
Das gelungen-gemütliche Ambiente des „Achterdecks" präsentiert sich als ausgesprochen gepflegt und maritim.
Ein großes Wandgemälde (das Motiv zeigt „Die Halligen bei Sonnenaufgang" des weit über Amrum hinaus bekannten Künstlers „Pancho") ziert unübersehbar eine Wand in

dem kleinen Gastraum. Irmtraud Lippmann beschäftigt während der Saison bis zu acht Mitarbeiter. Sie selbst bildet mit ihren beiden Köchen und einem Kellner die „Kernmannschaft" des Restaurants.
Kulinarische Entdeckungen gibt es im Achterdeck gleich mehrfach: Da ist zunächst das köstliche Labskaus zu nennen, das es so nur hier gibt. Wechselnde Tagesgerichte sorgen je nach Angebot ständig für Bereicherung. Und die sehr beliebten „Smuutjes" haben eine Fangemeinde, die noch niemand wirklich gezählt hat: „Smuutjes, das sind Lammbratwürste, extra für uns nach einem alten Rezept hergestellt von unserem Dorfschlachter Helge Dethlefsen", schwärmt die sympathische Gastgeberin. Auch sehr beliebt bei den Gästen ist die so genannte „Kapitänsplatte" für zwei Personen mit vielerlei Variationen von Fisch.
„Eine besondere Spezialität ist zudem unser süßes Kompott von roten Zwiebeln zum Matjes, das harmoniert ganz hervorragend mit dem würzigen Hering", ergänzt die Chefin.
Irmgard Lippmann ist übrigens gelernte Köchin. Bevor sie das „Achterdeck" übernahm, war sie die Inhaberin des weiterhin gut gehenden „Friesen-Cafés" eine Haustür weiter.

RESTAURANT HUALEWJONKEN

Restaurant Hualewjonken

Familie Gerrets

Uasterstigh 40
25946 Süddorf

Telefon 0 46 82/44 23 oder 12 81

Die Süddorfer Gastwirtsfamilie Gerrets betreibt ein außerordentliches Restaurant, allein schon wegen dessen friesischen Namens: Der bedeutet übersetzt „Halbdunkeln", die Zeit zwischen Tag und Nacht. Zum „Hualewjonken" kamen die Männer in alter Zeit abendlich zusammen. Es war eine Versammlung verheirateter und unverheirateter Männer, die gemütlich und gesellig verlief, ohne Zwang und Formalitäten. Dann wurde über alles Mögliche gesprochen – so genannter Klatsch und Tratsch über Vergangenes, Gegenwärtiges und Zukünftiges auf dem Eiland und aus dem Dorf. Getroffen hat man sich in vorher verabredeten Häusern, manchmal auch in Gasträumen. Besonders im Winter wurde das „Hualewjonken" gepflegt: Weil es kalt und früh dunkel war, traf man sich nicht so oft zum Schnacken auf den Wegen. So kam man mehrmals wöchentlich zusammen, in der Weihnachtszeit sogar täglich. Es wurde Pfeife und Stumpen geraucht, allerdings kein Branntwein oder ähnliches getrunken – außer in der Adventszeit, da gab es dann auch mal Tee- oder Weihnachtspunsch zu trinken.

Auch heute noch kommen auf Föhr und in Steenodde „Hualewjonken"-Gänger zu diesen Treffen zusammen. Mit dem Namen unseres Restaurants wollen wir an das „Hualewjonken" erinnern und es wieder beleben", so die originelle Haus-Historie der Familie.

Das Restaurant „Hualewjonken" im Herzen von Süddorf gehört zu den jüngeren auf Amrum: Sabine und Martin Gerrets luden am 1. April 2000 erstmals in ihre gemütliche Gaststätte ein. Die gebürtige Hamburgerin lebt bereits seit einem Vierteljahrhundert auf der Insel – ihr Mann, der von den meisten Einheimischen „Sune" genannt wird, stammt aus Nebel.

Die Einrichtung des „Hualewjonken" ist in Friesischblau gehalten und vermittelt einen hellen, freundlichen Eindruck – die Gäste haben viel in den Fensterbänken, auf den Tischen und an den Wänden zu entdecken. Hinzu kommt ein weitläufiger Garten mit viel Grün, wo es sich herrlich essen sowie ruhig und gemütlich sitzen lässt.

Die gästefreundlich kalkulierte Speisekarte ist geprägt von den friesischen Namen der Gerichte. Friesische Spezialitäten sind bei Sabine, Sune und ihren drei Mitarbeitern angesagt. Fischgerichte fehlen ebenso wenig wie ausgefallene vegetarische Speisen und leckere Fleisch-Variationen vom Schwein bis zum Lamm. Knackige Salate sowie friesische Desserts runden das kulinarische Angebot ab. Am großen Tresen kann man jederzeit gemütlich sein Bierchen trinken und mit den Insulanern ins Gespräch kommen.

Süddorf ist das älteste Dorf von Amrum und bestens über den Fahrradweg zwischen Wittdün und Nebel zu erreichen. Das „Hualewjonken" liegt direkt neben einem der letzten Walfängerhäuser der Insel, das 1744 von einem Georg Hinrich Simon erbaut wurde. Familie Gerrets vermietet in diesem Prachthaus auch Ferienwohnungen.

Amrumer Lammröllchen

Zutaten

800 g Lammhack aus der Keule
100 g bunte Paprika, gewürfelt
100 g Zwiebeln, gewürfelt
100 g Lauch oder Lauchzwiebeln, in Scheiben
4 Zehen Knoblauch, zerdrückt
10 g Rosmarin
3 Eier
100 g Paniermehl
200 g Schafskäse, gewürfelt
Salz, Pfeffer, Paprika

Zum Überbacken:
200 g Gouda gerieben,
200 g Bacon in Scheiben

Zubereitung

Zutaten gut durchmischen und zu 100-Gramm-Röllchen formen, langsam in der Pfanne ausbraten (ca. 10 Minuten), dann einzeln mit Bacon umwickeln und in eine Auflaufform legen, mit Käse bestreuen.
Bei 180 °C im Backofen 10 Minuten ausbacken. Dazu empfehlen wir Tomatenreis, Kräuterquark, Chilifruchtsauce und einen bunten Salat.

RESTAURANT LIKEDEELER

Restaurant Likedeeler

Stianoodswai 29 A
25946 Steenodde

Telefon 0 46 82/7 77
Telefax 0 46 82/96 11 68

Steenodde bedeutet Ruhe und Erholung in reinster Form. Nur einige, besonders sehenswerte Friesenhäuser sind hier zu finden, ansonsten kann man Pferde beobachten, den kleinen Hafen umrunden und die Ruhe des Wattenmeers auf sich wirken lassen – eben Urlaub pur.
Am Abend bietet sich dann das direkt am Watt gelegene „Restaurant Likedeeler" für einen genussvollen Abschluss des Tages an. In dem rustikalen, von warmem Holz dominierten Raum bilden einzelne Pflanzen, Ölbilder mit Inselmotiven und Tische ohne Tischdecken eine bewusst sparsame, aber darum umso akzentuiertere Dekoration.
Im Sommer kann man zusätzlich im Wintergarten die frische regionale Küche genießen, in der Convenience-Produkte keine Chance haben. „Wir wollen die Gäste mit dem Regionalen, aber dem Mut zu eigenwilligen Variationen überraschen," beschreiben die Wirtsleute ihre Küche.
Die lediglich sechs Tische im Restaurant bieten dem Gast Ruhe und Entspannung beim Genießen, machen aber eine Tischreservierung unbedingt erforderlich.

Eigentlich ist Klaus Jessen kein „richtiger" Koch, sondern Lehrer. Aber der Gastronomie-Autodidakt war um Ideen nie verlegen. Als er 1989 sein Elternhaus zum Restaurant umbaute, besetzte er mit einer Vollwert- und vegetarischen Küche eine Nische auf der Insel.

1999 – inzwischen hatte Jessen ein historisches Friesenhaus restauriert, Strandkörbe vermietet und Friesisch gelehrt – kam er zurück in den „Likedeeler". Das überwiegend weibliche Personal sorgt für eine herzlich charmante Atmosphäre und bringt seine kreative Note mit in den Betrieb ein, gerade bei besonderen Veranstaltungen und Festen. Der aus dem Saarland stammende Küchenchef Thomas Hauck zeichnet für französisch-elsässische Einflüsse verantwortlich. Das macht sich besonders bei Desserts und Gewürzen auf köstliche Art und Weise bemerkbar. Eine Tageskarte ergänzt das feste Angebot. Sie bietet zudem die Möglichkeit, jederzeit auf den Markt zu reagieren, wenn gerade ein Kutter mit frischem Fisch anlandet oder Muscheln, Spargel oder Wild im Angebot sind.

Beim Essen, so Klaus Jessen, sollte man es vielleicht so halten wie die Gefolgsleute von Klaus Störtebeker, dem Piraten. Diese nannten sich „Likedeeler" – was sich von „like" (gleich) und „deelen" (teilen) ableitet –, weil sie ihre Beute zu gleichen Teilen aufteilten. Auf diese Weise kann man im Restaurant „Likedeeler" gleich mehrere Spezialitäten auf einmal genießen. Im Sommer lädt hierzu auch der herrliche Garten vor dem Lokal ein.

Wolfsbarsch im Speckmantel auf süß-saurem Linsengemüse

Zutaten

1 Wolfsbarsch zu 400–600 g,
vom Fischhändler ausgenommen und geschuppt
Worcestersauce
Pfeffer
Salz
getrockneter Thymian
4–6 Scheiben durchwachsener Speck
50 g grüne Linsen
1 kleines Bund Suppengrün
2 Schalotten
etwas Olivenöl
Honig
Balsamico-Essig
1 reife Tomate

Zubereitung

Den Wolfsbarsch gründlich waschen und trocken tupfen. Mit einem sehr scharfen Messer die Haut über Kreuz einritzen. Den Fisch in eine Schale legen und mit Worcestersauce, Pfeffer, Salz und getrocknetem Thymian gleichmäßig innen und außen würzen. Den Speck über Kreuz auf den Fisch legen und die Speckenden unterschieben. Im Kühlschrank kurz marinieren lassen.

Die Linsen mit Wasser zum Kochen bringen und bei kleiner Hitze al dente kochen. Überschüssiges Wasser abgießen.

Suppengrün und Schalotten putzen und würflig schneiden, mit etwas Olivenöl in einem Topf andünsten und mit Gemüsebrühe ablöschen.

Den Backofen auf 220 °C vorheizen und den Fisch für ca. 25-30 Minuten goldbraun backen. Die Linsen zum Gemüse geben und mit Honig und Balsamico-Essig würzen, eventuell etwas Wasser zugeben.

Die entkernte Tomate würfeln und zu den Linsen geben.

HOTEL-RESTAURANT „WEISSE DÜNE“

Hotel-Restaurant
„Weiße Düne“

Achtern Strand 6
25946 Wittdün

Telefon 0 46 82/94 00 00
Telefax 0 46 82/94 00 94

Die „Weiße Düne“ war noch bis 1969 ein Malerbetrieb mit kleiner Pension. Inge und Helmut Seesemann bauten das Pensionshaus im Norden Wittdüns danach zu dem heute noch bestehenden Restaurant um. 1971 wurde der Malerladen zu einem Appartementhaus mit drei Wohnungen umgewandelt. Fünf Jahre später kam das Appartementhaus hinzu.
1980 folgte der Schwimmbadbau, und in den folgenden Jahren ließen die Eigentümer die Wohnungen peu à peu in Hotelzimmer umbauen. Das „Hotel Weiße Düne“ nahm stets an Kreis- und Landeswettbewerben für gute Gastlichkeit teil. „Wir dürfen die Bezeichnung ‚Gastliches Haus‘ bis heute tragen“, freut sich die Familie.
1992 verpachteten die Gründer das Restaurant an ihren Sohn Kay und dessen Frau. Der Koch und Betriebswirt und die erfahrene Hotelfachfrau machten sich mit viel Elan an die Arbeit. Vier Jahre später übergaben die Gründer den Betrieb ganz in die Verantwortung der Kinder.
„1997 erweiterten wir unser Angebot und gründeten den Amrumer Party Service“, so Kay und Monika Seesemann, „wir schafften Zelte mit entsprechender Ausstattung an, um auch für große Festivitäten gerüstet zu sein.“ Der Party Service hat sich längst zum zentralen Anlaufpunkt für viele Feiern auf Amrum entwickelt.
Im Jahr 2000 pachtete der Party Service die ehemalige Strandkorbhalle am Nebeler

Strand. Nach vielen Renovierungen und total erneuerter Technik präsentiert sich die Kniepsandhalle seither in einem völlig neuen Gesicht: Dort läuft jeden Samstag die größte Disco der Insel. „Auch die großen Lifekonzerte der Insel finden in unserer Halle statt", freut sich der Gastronom.
Die „Weiße Düne" wurde 1997 nach den Richtlinien des Hotel- und Gaststättenverbandes klassifiziert. Die Kommission stufte das Hotel als Vier-Sterne-Haus ein; diesen Standard hat das Haus bis heute beibehalten. Das Hotel bietet zwölf Doppelzimmer, davon eine Suite. Weiter verfügt das repräsentative Haus über ein Hallenbad mit Sauna und Solarium sowie eine physiotherapeutische Abteilung. Die Seniorchefin Inge Seesemann leitet noch die Rezeption. Das Restaurant hat 65 Plätze und die Terrasse 60. Um das Wohl der Gäste kümmert sich Küchenmeister Lars Eddelbüttel mit seinem Team. Die Einrichtung des Restaurants ist elegant und maritim, geprägt von vielen Antiquitäten, die für ein besonderes Ambiente sorgen – ebenso wie der Blick aufs Wattenmeer.
Spezialitäten des Hauses: Die große Nordsee-Seezunge, am Tisch filiert, oder Lammkrone für zwei Personen, am Tisch tranchiert. Die exzellent geführte Küche stellt unter anderem noch eigene Nudeln her, der Matjes reift im eigenen Haus und das zertifizierte Färsenfleisch stammt aus Schleswig-Holstein.

Salzwiesenlammrücken im Strudelteig

Zutaten

800 g Lammrücken
1 kg Lammknochen (Rücken)
100 g Hähnchenbrust
100 ml Sahne (30 %)
200 g Mehl
1 Ei
135 g Wasser
12 g Öl
50 g Butter
Salz, Pfeffer

Zubereitung

Farce: Hähnchen in Würfel schneiden. Reichlich Salz und 1 Eiweiß hinzugeben, dann ins Gefrierfach stellen. Petersilie waschen und hacken. Die Hähnchenmasse in einer Moulinette kurz anmixen. Sahne hinzugeben, bis eine homogene Masse entsteht. Einen Teil der Masse abnehmen, den anderen mit der Petersilie vermengen. Beides bis zur Weiterverarbeitung kalt stellen. Strudelteig: Mehl mit warmem Wasser, Salz und dem Öl zu einem Teig vermengen. Wenn er sich von der Schüssel löst (gegebenenfalls etwas Mehl nachgeben), den Teig „schlagen", d. h. 2–3 Min. mit Schwung in die Schüssel werfen. Danach 2 Std. ruhen lassen. Teig so dünn wie möglich „ziehen". Mit der flüssigen, aber nicht warmen Butter einpinseln.
Lammrücken: Lammrücken in 200-Gramm-Stücke portionieren. Pfeffern und salzen, scharf anbraten und trocknen. Rechtecke vom Teig schneiden. 2 feine Streifen Petersilienfarce in der Länge des Filets aufdressieren und das Fleisch auflegen. Die Oberseite mit der Farce dressieren. Zu einem Päckchen falten, auf ein gefettetes Blech setzen und bei 180 °C 13–15 Min. backen. Danach 5 Min. ruhen lassen. Mit Kartoffelpüree, Möhren und Lauchzwiebeln servieren.

RESTAURANT KLABAUTERMANN

Klabautermann

Restaurant & Kegelbahn

Hauptstraße 13
25946 Wittdün

Telefon 0 46 82/21 39
Telefax 0 46 82/16 63

Der Klabautermann ist, glaubt man den gräuslichen Erzählungen früherer Seefahrergenerationen, ein quirliges Wesen, das an Bord seinen Schabernack treibt und die Besatzungen auch schon mal empfindlich ärgert. Wer in Wittdün die Fähre verlässt und auf Amrum irgendwohin – wohin auch immer – will, kommt zwangsläufig an dem von außen eher unscheinbaren Restaurant gleichen Namens vorbei. Doch keine Bange: Wer auch immer die Stufen in das uriggemütlich eingerichtete Lokal hinabgestiegen ist, kam garantiert noch immer ohne Blessuren wieder zurück, ohne von dem sagenumwobenen Begleiter der Seeleute auch nur im Geringsten behelligt worden zu sein.

Dafür schmeckt das Essen in den konsequent maritim eingerichteten, mit vielen einschlägigen Utensilien ausgestatteten Räumlichkeiten umso besser. Michael Jochimsen übernahm das Restaurant mit der angeschlossenen Kegelbahn im Jahr 1990; damals existierte der Betrieb bereits seit knapp zehn Jahren. Jochimsen war 1983 auf die Insel gezogen, um hier sein Glück zu finden. Er erlernte zunächst den schönen aber auch durchaus anstrengenden Kochberuf. Nach weiteren Stationen zwischen dem genannten Fährhafen und Norddorf zog es den Mann hinter den Töpfen in die Schweiz, wo er sich für die Dauer von zwei Saisons engagieren ließ. „Danach war mir klar, dass ich auf Amrum weitermachen will", erinnert sich der Wahl-Insulaner.

Für den Chef des „Klabautermanns" ist es wichtig, dass seine Gäste satt und zufrieden wieder aufstehen und gut gelaunt ihrer Wege ziehen – um bald wieder zu kommen. Sein Motto lautet deshalb: „Bei mir gibt es große Portionen zu vernünftigen Preisen,

darauf kann man sich im ‚Klabautermann' verlassen!"
Entsprechend ist die ausgesprochen reichhaltige Speisekarte gestaltet: Auf ihr ist alles zu finden, was „guten Essern" das Wasser im Munde zusammenlaufen lässt. Klar, dass auf einer Nordseeinsel Fisch einen großen Stellenwert einnimmt. Schließlich reisen viele Feriengäste auch deshalb auf die nordfriesische Insel, um die Nähe zu den Meeresfrüchten kulinarisch auszunutzen. Daneben bietet der Alleinkoch aber auch deftige Fleischgerichte aus seiner interessanten Schauküche an, genauso wie Nudelvariationen, Salate oder Hausmannskost – nach der volkstümlichen Devise „Futtern wie bei Muttern".

Schnitzel „Friesische Art"

Zutaten
(für 1 Person)

180 g Schnitzel
30 g Räucherlachs
30 g Nordseekrabben
30 g frische Champignons
1 kleine Zwiebel
gehackte Petersilie
2 Eier

Zubereitung

Schnitzel würzen und panieren, dann in Butter braten. Räucherlachs, Champignons und Zwiebel in feine Streifen schneiden. Mit den Krabben und der Petersilie in der Pfanne kurz schwenken. Mit Salz und Pfeffer etwas würzen und über das Schnitzel geben. Die beiden Eier braten und darübergeben. Dazu reiche ich Bratkartoffeln.

ZUM STEUERRAD

Restaurant Zum Steuerrad

Inselstraße 4
25946 Wittdün

Telefon 0 46 82/99 40 40

Vom „Restaurant Steuerrad" ist es fast nur einen Steinwurf weit entfernt bis zum Fähranleger in Wittdün. Von daher trifft das Attribut „Hafenkneipe" – so zumindest bezeichnet der Wirt Uwe Waja gern sein Restaurant – in gewisser Weise auch zu. Seit 2000 führt der engagierte Koch Regie in dieser alteingeführten Gastwirtschaft, in der es jede Menge zu gucken gibt – urige maritime Mitbringsel und Sammlerstücke, so wie man sich eben eine richtige Seemannskneipe von der Atmosphäre her vorstellt. Was nicht heißt, dass hier jeden Abend ein Mann mit dem Schifferklavier auftaucht oder der Shantychor singt. Und dennoch: Auch außerhalb der Saison hat Uwe gut zu tun, weil das „Steuerrad" mit seinem attraktiven Speisenangebot auch und gerade von den Einheimischen geschätzt wird. Das hat sicherlich auch etwas damit zu tun, dass die Küche in dem gemütlichen Restaurant bis Mitternacht geöffnet ist. Ein Service, den es sonst weit und breit auf der Insel nicht gibt.

Charakteristisch für die Innenarchitektur des „Steuerrads" ist der große Tresen, der schon von manchem Stammgast und Insulaner erzählen könnte, der hier am liebsten kein Ende gefunden hätte. Kein Wunder, denn hier ist ein Platz, der absolut zum Dableiben und Klönen animiert.

Kulinarische Spezialität von Uwe Waja sind zweifelsohne seine Steak-Variationen. Nicht anders als in einem guten Steakhaus bereitet der Chef seine frischen Steaks und Koteletts auf dem Lavagrill zu – besser kann es der Fleischliebhaber nicht treffen.

Natürlich fehlt auch Nordseefisch nicht auf der Karte des „Steuerrads", genauso wenig wie regionale Leckerbissen und saisonale Angebote. Auch die Pasta-Auswahl des Hauses ist durchaus eine nähere Prüfung wert. Und was viele Stammgäste schätzen, ist der Bühnen-Charakter der Küche, denn man kann dem Chef über die Schulter schauen, wenn er das bestellte Menü zubereitet. Das hat allemal etwas mit Erlebnisgastronomie zu tun. Und Uwe Waja schätzt es, wenn seine Gäste miterleben können, wie er in seinem Küchenreich Abend für Abend zaubert.

Neben Bitburger Pils und Erdinger Weizen gibt es im „Steuerrad" auch noch das herbdunkle Guinness aus Dublin direkt vom Fass. Für manch einen Unentwegten, der immer wieder bei Uwe gesehen wird, ist das irische Bier kombiniert mit den friesischen hochprozentigen Lebensgeistern ein willkommenes Elixier – etwa gegen Saisonstress, Heimweh, Sonnenbrand und einfach fürs allgemeine Wohlbefinden.

Überbackene Miesmuscheln

Zutaten

Miesmuscheln
Blattspinat
Knoblauch
Zwiebeln
Sahne
Creme fraîche
frische Kräuter, Parmesankäse, Salz, Pfeffer, Muskat und Zucker

Zubereitung

Die Muscheln waschen und in einen Topf mit Deckel geben. 2 Minuten bei starker Hitze dämpfen, bis die Muscheln geöffnet sind. Herausnehmen und abtropfen lassen. Eine der Schalenhälften entfernen, sodass das Fleisch in der anderen Hälfte bleibt. Blattspinat waschen, putzen und mit Knoblauch und Zwiebeln anschwitzen. Mit Zucker, Muskat, Salz und Pfeffer abschmecken.
Creme fraîche mit Knoblauch und frischen Kräutern verrühren. Spinat in eine feuerfeste Form geben und Muscheln mit der Schale nach unten darauf anrichten. Mit der gewürzten Creme fraîche bestreichen und mit reichlich frisch geriebenem Parmesan im Ofen überbacken. Dazu passen frisches Baguette und ein kühles Blondes.

BLAUE MAUS

Segler kennen sie genauso wie Badegäste und Einheimische: die „Blaue Maus“ im Norden Wittdüns – sie ist ungefähr so bekannt wie der sprichwörtliche „bunte Hund“. Kaum ein Amrum-Besucher lässt es sich nehmen, mindestens einmal während seines Urlaubs bei Jan von der Weppen, genannt Janni, reinzuschauen. Praktisch, dass sich direkt vor dem reetgedeckten Haus eine Bushaltestelle befindet, die sogar ganz offiziell nach dem „In-Lokal“ benannt wurde. Und es gibt gute Gründe, nicht mit dem eigenen Auto vor der „Blauen Maus“ vorzufahren.

Die gepflegte Kneipe verfügt über eine Besonderheit, die selbst in bedeutenden Großstadt-Bars so nicht noch einmal zu finden ist – ein Whisky-Angebot von sage und schreibe über 300 Sorten. Klar, dass dabei der Wirt persönlich behilflich ist, damit der Über- und Durchblick nicht verloren geht.

Die hochwertigen Whiskies stammen aus jeder erdenklichen Produktionsgegend der Welt, wo dieser geschätzte hochgeistige Trank gebrannt wird: vom klassischen schottischen Malt über amerikanischen und kanadischen Whiskey bis hin zum irischen Pendant. Jannis „Amrumer Whisky“ ist etwas ganz Rares: Dieses „Lebenswasser“ wird eigens für die „Blaue Maus“ gebrannt und dann auf der Insel abgefüllt und gelagert. Von diversen Destillerien hält der Chef gleich mehrere Sorten verschiedener Jahrgänge und damit Geschmäcker für Liebhaber bereit.

Wer eher exotische Cocktails bevorzugt, sollte die pfiffigen Kreationen wie „Liebe am Strand“ (eine Abwandlung des Klassikers „Sex on the Beach“) probieren oder auch „Sabines Abend“, der seine ganz besondere Entstehungsgeschichte hat...

Für den kleinen Appetit zwischendurch bieten sich diverse Leckereien, etwa die beliebte hausgemachte Krabbensuppe an.

Die Institution „Blaue Maus“ ist urgemütlich, es gibt in jedem Winkel etwas zu gucken. Jedes Exponat an der Decke und den Wänden könnte Geschichten erzählen, die aus einem spannenden Seefahrer-Roman stammen. Schiffszubehör, Wrackteile und sonstiges Strandgut erinnern den in Phantasien abschweifenden Gast daran, dass sich

Blaue Maus

Hauptstraße 107
25946 Wittdün

Telefon 0 46 82/20 40
Telefax 0 46 82/14 79
Ruhetag: Donnerstag

viele Amrumer in schlechten Zeiten als Strandräuber über Wasser hielten.
Jan von der Weppen ist passionierter Segler und hat viele der dekorativen Stücke selbst mitgebracht, ein Teil wurde ihm geschenkt und einen anderen Teil entdeckten er und andere auf den Stränden der Nordfriesischen Inseln. Die Petroleumlampen etwa kommen von Hooge, wo es lange dauerte, bis die Elektrizität Einzug hielt.
Janni zapft seit 1971 in seinem Geburtshaus Bier. Vier Jahre später übernahm er den Betrieb von seiner Mutter; damals hieß er noch „Zum Leuchtturm". Bald war der heutige Name gefunden, von dem jedoch niemand so recht weiß, woher er stammt. „Jedenfalls", so der Gastgeber, „soll es einige Geschichten geben, aber nix davon ist wirklich beweisbar." Egal. Der Name „Blaue Maus" ist auf der Insel Programm.
Jan von der Weppen steht passioniert auf der anderen Seite des Tresens. Gern hört er seinen Gästen und deren Geschichten zu, und – ohne Frage – er selbst gibt auch hin und wieder seinen friesisch-trockenen, aber herzlichen Kommentar dazu ab.
Und das kommt seit über 35 Jahren bei den Gästen an.

Der abendliche Klönschnack in der einmaligen Atmosphäre gehört bei vielen Gästen und Einheimischen dazu; letztere genießen vor allem im Winter, dass sie eine urige Anlaufstelle haben. Die wenigen Urlauber freuen sich dann über die Insulaner, die jede Menge „Geschichten, die das Leben schrieb" drauf haben. Das ist auf alle Fälle spannender als Fernsehen. Und dann noch das knisternde Kaminfeuer und die wärmenden Getränke...

Rezept für den Cocktail „Heide im Nebel"

Eis
4 cl NF 80 (Anisschnaps)
mit Cranberrysaft auffüllen.

FÖHR

Betrachtet man die Umrisse der Insel Föhr, könnte man die Insel mit ein wenig Fantasie für eine Austernschale halten; die wäre allerdings rund 82 Quadratkilometer groß ausgefallen. Wie die Nachbarinseln und Halligen gehörte das Eiland einst zum Festland, aber bekanntlich hat der „Blanke Hans" während des Mittelalters mehrfach in Form von Jahrhundert-Sturmfluten zugeschlagen und der Westküste ihre heutige Form verliehen. Deswegen überall die Deiche und Küstenschutzmaßnahmen – sonst würde Nordfriesland noch anders aussehen. Föhr würde ebenfalls anders aussehen, wenn nicht im Laufe der letzten Generationen Aberhunderte vor allem in die „Neue Welt" ausgewandert wären. Dort gab es im Gegensatz zur Heimat Arbeit und Land. Zwei Anlässe im Jahr lassen viele US-Föhrer zu einer Visite bei der Verwandtschaft wiederkehren: das traditionelle „Biikebrennen" am 21. Februar (ein auf heidnische Ursprünge zurückgehendes Fest, unter anderem zum Austreiben des Winters) sowie der große Jahrmarkt am Ende der Sommersaison.

Zwei kulinarische Elemente stehen dann ganz hoch im Kurs: der aus den Staaten

No. 43

importierte Drink „Manhattan" (Wermut und Whisky) sowie der friesische Dauerbrenner Grünkohl.
Als es noch den dänischen König als Landesherrn gab, erwarb Wyk 1819 die Privilegien eines Seebades. Majestät, sein Hofstaat und prominente Mitreisende wie Hans-Christian Andersen erfreuten sich mehrerer Sommerfrischen auf Föhr. Noch heute kann man einige Zeugnisse aus dieser Zeit entdecken.
Wyk ist das Zentrum, der Hauptort der Insel geblieben. Hier legen die Fähren vom Festland und von den Inseln an. Sonntags lockt der Fischmarkt Neugierige von weit her. Der Yachthafen wird gern von Freizeitkapitänen angesteuert. Die Promenade, schlicht Sandwall genannt, bietet zu jeder Jahreszeit etwas, dort ist es nie langweilig. Die gastronomische Vielfalt lässt kaum Wünsche offen. Fisch ist natürlich der wichtigste Bestandteil der kulinarischen Landschaft – und den kann man hier, wie überall auf Föhr, auf jede nur erdenkliche Weise genießen. Kurzum: Wyk bietet alles, was man von einem Urlaubszentrum erwarten kann – vom Einkaufsmarkt bis hin zur Reparaturwerkstatt.
Neben der „Inselmetropole" verfügt die Insel mit ihren knapp 9 000 Einwohnern über elf Dörfer, fünf Windmühlen, 15 Kilometer Sandstrand, rund 200 Hektar Wald, sechs Vogelkojen und 144 Kilometer Radwege…
Jedes Dorf hat seinen eigenen Charme: Im grünen Herzen der Insel liegt Alkersum, sehr beliebt bei Reitern und Pferdefreunden; „Ferien auf dem Bauernhof" sind hier sehr populär. Ein Blickfang mit seinen vielen Reetdächern ist das Bauerndorf Borgsum, in seiner Nähe befindet sich die einstige Fluchtstätte vor den Wikingern namens Lembecksburg. Von Dunsum aus kann man die schönsten Sonnenuntergänge und Ausblicke auf Amrum und Sylt erhaschen.

Nieblum bietet mit seinem „Friesendom“ St. Johannis aus dem 13. Jahrhundert eine der drei Föhrer Hauptkirchen. Der Ort strahlt ungemein viel Atmosphäre aus, alte Kapitänshäuser, lohnenswerte gastronomische Adressen und ein alter Baumbestand sind die wichtigsten „touristischen Zutaten“. Wer Beschaulichkeit sucht, findet sie auch an anderen Orten der Insel, etwa in Oevenum. Dort lädt das landwirtschaftliche Museum ein, ganze Straßen bestehen nur aus Reetdachhäusern, und der wöchentliche Dorfmarkt bietet jede Menge Abwechslung. Midlum im Nord-Osten und Wrixum im Süd-Westen mit seiner imposanten Holländer-Mühle liegen gleich nebenan.
Oldsum wird gern als das „Künstlerdorf“ bezeichnet. Und in der Tat haben sich hier viele Kunsthandwerker und Künstler angesiedelt. Ein Besuch bei ihnen lohnt sich und macht Appetit auf einen Friesentee mit leckerer Torte im Café nebenan.
Im Osten der Insel finden sich noch drei Dörfer: Eins davon ist Süderende mit seinen typischen Friesenhäusern und Blumengärten, ein echtes Kleinod. Ein angesehener Walfänger, der „glückliche Matthias“, war hier zu Hause. Der Grabstein auf dem Kirchhof von St. Laurentii erzählt seine Geschichte. Utersum und Witsum sind gleichfalls sympathische, erholsame Dörfer, die es in aller Ruhe zu erkunden gilt.
Viel Spaß dabei!

FRÄDRICH FERIENWOHNUNGEN

Frädrich Ferienwohnungen
& Immobilien

Hafenstraße 21
25938 Wyk

Telefon 0 46 81/27 12
Telefax 0 46 81/5 05 30

„Wir betreuen unsere Gäste selbstverständlich auch vor Ort und erledigen nicht nur die reine Vermittlung", beschreibt Holger Frädrich einen wesentlichen Teil seiner Geschäftsphilosophie. Seit über vierzig Jahren gibt es die Wyker Firma „Frädrich Ferienwohnungen & Immobilien".
Dabei handelt es sich nach Darstellung des Chefs „im Prinzip um die erste Vermittlungsfirma für Ferienwohnungen auf Föhr". Der Insulaner ist Inhaber in zweiter Generation und ist sozusagen mit dem Vermietgeschäft groß geworden. Acht feste Mitarbeiter unterstützen Frädrich bei den täglichen Vermittlungen und Dienstleistungen: Zwei Damen gewährleisten einen perfekten Ablauf im zentral gelegenen Büro an der Hafenstraße, sechs unermüdliche Firmenangehörige sind im Außendienst unterwegs oder mit Reinigungsaufgaben betraut; hinzu kommen diverse Honorarkräfte.
Ohne Frage, heutzutage funktioniert im Vermittlungsgewerbe kaum noch etwas ohne das Internet. Deshalb hat Holger Frädrich frühzeitig auf einen entsprechend professionellen Web-Auftritt gesetzt. Dadurch kann sich der potenzielle Föhr-Urlauber zu Hause an seinem Computer von den in die nähere Auswahl kommenden Objekten in aller Ruhe ein Bild machen und Vergleiche anstellen.
Selbstredend kann der Kunde auch von der praktischen Online-Buchung Gebrauch machen. „Seit Jahren steigt der Anteil der Buchungen über das Internet", berichtet

der Firmeninhaber, „aber natürlich übernehmen auch wir für den Gast die Quartiersuche, wenn er das wünscht, und senden ihm dann mehrere Vorschläge zu."
Derzeit sind im Pool von „Frädrich Ferienwohnungen & Immobilien" rund 180 Objekte, die meisten davon in der Inselhauptstadt Wyk sowie in Nieblum und Wrixum. Für jeden Geschmack ist etwas im Angebot: Wohnungen mit Kamin, Schwimmbad und Sauna, unter Reet mit Meerblick und für bis zu acht Personen – kein Problem. Aber auch mittelgroße und schnuckelig kleine Quartiere gehören dazu. Anfrage genügt und das Frädrich-Team hilft Ihnen freundlich, schnell und kompetent weiter.
Der gelernte Reiseverkehrskaufmann Frädrich weiß, wie sehr der Gast die persönliche Betreuung schätzt: „Wir kommen noch zur Wohnung und begrüßen dort den Gast", unterstreicht er. Zu den geschätzten und in aller Regel wahrgenommenen Serviceleistungen gehört ebenfalls die praktische Erstausstattung mit Lebensmitteln, so dass die Urlauberfamilie sich vor der Fahrt in den Norden nicht auch noch darum zu kümmern hat. Kaminholz, Kinderbetten oder Hochstühle zählen zu den weiteren Extras, die von der Vermittlung Frädrich zuverlässig übernommen werden, nach dem Motto: „Ihr Wunsch wird von uns erfüllt". Und wenn ein Föhr-Liebhaber mit einer Immobilie auf der Insel liebäugelt, steht die leistungsstarke Firma auch hierbei gern zur Seite – Anfrage genügt.

RESTAURANT FRIESENSTUBE

Restaurant Friesenstube

Familie Sievertsen

Süderstraße 8
25938 Wyk

Telefon 0 46 81/24 04
Telefax 0 46 81/9 15

Wenn man in die „Friesenstube" unweit der Promenade von Wyk eintritt, merkt man eins sofort: Der Gast fühlt sich in diesem populären Fischrestaurant spürbar wohl. Das hat etwas mit der einladenden Atmosphäre zu tun, die bereits die rosenumrankte Terrasse an der Süderstraße mit den ansprechend gedeckten Tischen unter Sonnenschirmen vermittelt. Der positive Eindruck verstärkt sich, wenn man an seinen Platz in der geschmackvoll eingerichteten Gaststube geführt wird. Und natürlich ist das Service-Team von Ingrid und Harro Sievertsen eine Wucht – an diesem Ort muss man sich ganz einfach gut aufgehoben fühlen.
Das Familienunternehmen mit seinem Fischgeschäft „Fischerhus" gleich nebenan floriert seit Jahren – 1981 erwarben die Sievertsens das Haus und machten es zu einem kulinarischen Highlight in der „Inselmetropole". Deshalb ist es auch ratsam, zumindest während der Hauptbelegungszeit in der Spitzensaison seinen Platz im Voraus reservieren zu lassen.
Garantiert frischer Fisch ist Programm in der „Friesenstube", gar keine Frage. Die Meeresfrüchte aus der Nord- und Ostsee sowie Spezialitäten aus wärmeren Meeren stammen vom Großhändler aus Dänemark, der die sorgfältig ausgewählte Ware täglich liefert.
Matjes gibt es im Restaurant in allen möglichen Variationen. Ganz oben in der Gästegunst stehen auch die Schollengerichte, etwa die mit Nordseekrabben gefüllte Kutterscholle. Und Liebhaber von Aal oder Muscheln müssen in der „Friesenstube" ebenfalls nicht darben. Natürlich stehen

auch Seezunge, Auster und Hummer auf der reichhaltigen Speisekarte. Wer eher Appetit auf Deftiges hat, sollte das Labskaus nach Art des Hauses probieren – dieses klassische Seemannsgericht gehört zu den beliebten, immer wieder gern bestellten Standards der Küche.

Wechselnde Tagesgerichte und saisonale Angebote ergänzen das Menüangebot. Die Beilagen sind vielfach von den Jahreszeiten abhängig, Spargel gehört ebenso dazu wie Steckrüben oder Grünkohl. Dabei gibt die Küchencrew gern Gemüse und Kartoffeln von der Insel den Vorzug – der Frische wegen. Und wer etwas Leckeres außerhalb der üblichen Karte bestellen möchte, braucht sich nur rechtzeitig an die Chefin oder ihren Mann zu wenden und schon wird das individuelle Wunschessen zur Wirklichkeit.

Über einen Mangel an Stammgästen braucht sich das Ehepaar Sievertsen nicht zu beklagen. Mancher Urlauber erscheint täglich, um sich aus der Küche verwöhnen zu lassen, und selbstredend kennen auch die Insulaner die Vorzüge des alteingesessenen Restaurants.

Für die lieben Kleinen gibt es eine Kinderkarte, die zudem auch noch mit Buntstiften ausgemalt werden kann. Nicht selten kommen diese lütten Gäste von einst als Erwachsene wieder in die „Friesenstube", wenn sie mit ihren eigenen Kindern Urlaub auf der schönen Insel machen.

Zanderfilet à la Friesenstube

Zutaten
(für 1 Person)

150 g Zanderfilet
3 Scampi
bunte Paprikawürfel
1 Chilischote
Zwiebeln, weiß und rot
4 Champignons
½ Trüffel, schwarz
Tomatenwürfel
Gemüsestreifen
Reis
Olivenöl, Butter
Salz, Pfeffer

Zubereitung

Zwiebeln, Würfel von der zuvor geschälten Tomate, Gemüsestreifen, Chilischote, Pilze in einer Pfanne mit Olivenöl schwenken, bis alles glasig ist; Trüffel zuletzt beigeben. Zander und Scampi extra in Butter anbraten. Alles mit Butterreis servieren.

FISCHERHUS & NORWEGERSTUBE

Fischerhus & Norwegerstube

Familie Jacobs

Süderstraße 6
25938 Wyk

Telefon 0 46 81/50 18 30

Auf einer Nordseeinsel Urlaub zu machen, ist für die meisten Gäste gleichbedeutend mit „viel frischen Fisch essen". Denn jeder weiß, dass der Frischefaktor an der See unübertrefflich ist und dass die Meeresfrüchte diesseits des Wattenmeers einfach besser schmecken.

Das „Fischerhus" in Wyk liefert jeden Tag eindrucksvoll den Beweis dafür, dass Fisch gleichzeitig ein nicht wegzudenkendes Nahrungsmittel, eine Delikatesse und ein Augenschmaus ist. Allein die Dekoration des Schautresens lässt vielen Passanten das Wasser im Mund zusammen laufen.

Im Jahr 2001 übernahmen Uwe und Heike Jacobs das „Fischerhus" von den Schwiegereltern, dem Ehepaar Sievertsen. Zuvor hatte der Chef seine Ausbildung zum Koch auf der Insel absolviert und danach in verschiedenen Restaurants gekocht. Letzte Station vor der eigenen Selbstständigkeit war das „Fischerhus", wo Uwe auch seine Heike kennen und lieben lernte. Die Eltern seiner Frau, die heute nach wie vor die benachbarte „Friesenstube" führen, legten die Verantwortung für das Fischfachgeschäft mit angeschlossenem Fischrestaurant dann in die Hände der jüngeren Generation.

Die Auswahl an Meeresfrüchten ist im „Fischerhus" enorm. Feinste hausgemachte Fischmarinaden – deren Zusammensetzung Firmengeheimnis ist und nicht preisgegeben wird – sind dort ebenso reichhaltig im Angebot wie Räucherfisch und frisch gefangene Meeresbewohner.

Das Restaurant im ersten Stockwerk trägt den einladenden Namen „Norwegerstube". Zusammen mit den Tischen draußen sowie

der Gartenterrasse bietet das eingespielte Jacobs-Team jede Menge Platz für seine Gäste.
Die Karte ist reichhaltig und wird konsequenterweise von diversen Produkten aus den Weltmeeren dominiert – von der heimischen Miesmuschel und Makrele bis hin zu Scampi, Thunfisch oder Haisteaks. Die Gerichte werden direkt aus der eigenen Frischfisch-Abteilung verarbeitet – ein weiteres Plus in Sachen Qualität und Frische. Scholle, Hering und Seelachs sind drei Beispiele für die am häufigsten bestellten Hauptgerichte. Dabei achtet Uwe Jacobs darauf, dass der Fisch möglichst nicht durch überflüssige Beilagen oder Saucen verfälscht auf den Teller kommt. Viele Stammgäste schätzen es schnörkellos: Gebratener Fisch und hausgemachter Kartoffelsalat sind ein ideales, weil leichtes Urlaubsgericht. Daneben hält die Karte auch einige Besonderheiten des Spezialitäten-Restaurants bereit. Pannfisch oder die „Krabbenpfanne à la Fischerhus" zählen ebenso dazu wie der „Urlaubstraum". Dahinter verbirgt sich eine delikate Fischplatte für zwei Personen mit vier Sorten Edelfisch, Nordseekrabben, Scampi und dazu passenden Beilagen. Für viele eingeschworene Föhr-Fans ist diese kulinarische Komposition während jedes neuen Aufenthaltes immer wieder ein unbedingtes Muss.
Außerdem gibt es im „Fischerhus" einen exklusiven Meeresfrüchte-Salat mit dem viel versprechenden Namen „Nordseetraum" (siehe Menü-Foto). Diese Kreation des Hauses besteht aus verschiedenen frischen Blattsalaten, belegt mit einer bunten Auswahl aus dem großen Ladenangebot. Krabbenfleisch gehört ebenso zu diesem Spitzensalat wie Räucherfisch, Matjes, Lachs und verschiedene Krustentiere. Übrigens: In der Norwegerstube kann man im Sommer durchgehend warme Gerichte bestellen. Im Winter offerieren die Fischspezialisten lediglich einen Mittagstisch.
Na dann: Guten Appetit!

HOTEL-RESTAURANT FERING HÜS

Fering Hüs –
Hotel & Restaurant

Große Straße 40–42
25938 Wyk

Telefon 0 46 81/5 97 00
Telefax 0 46 81/59 70 37

Bereits seit 1906 existiert das Hotel-Restaurant an dieser Stelle – damals als das „Colosseum". Den Namen erhielt das Restaurant, weil die Galerie des Saals an ein Colosseum erinnerte und es zu der Zeit „in" war, lateinische Namen zu verwenden. 1929 kaufte die Familie Hartmann das Haus und baute es kontinuierlich aus und um. Die Galerie fiel später neuen Hotelzimmern zum Opfer, der Betrieb behielt jedoch weiterhin seinen Namen.
Drei Generationen später, im Jahr 2004, wurde das Haus an Familie Schumacher verkauft. Frischer Wind und neue Ideen hielten Einzug und damit auch der neue Name „fering hüs – hotel & restaurant". Neunzehn Zimmer, drei Ferienwohnungen, das Restaurant, ein Veranstaltungsraum und die Kegelbahn sowie der Saal mit 250 Sitzplätzen bieten ideale Möglichkeiten zum Urlauben und für Feste jeglicher Art. Zehn Mitarbeiter kümmern sich das ganze Jahr über um das Wohl der Gäste. Der Küchenchef, ein echter Föhrer, sorgt seit fast 30 Jahren für zufriedene Gäste. Dabei stehen neben Insel-Spezialitäten auch klassische Gerichte wie Kohlpudding, Birnen, Bohnen und Speck oder Rübenmus auf der Speisenkarte. Diese ist abwechslungsreich mit leckeren Tagesgerichten. Die Gastgeber legen zudem Wert auf immer mehr „moderne Gerichte", zum Beispiel Kartoffelburger oder Kartoffelpizza.
Das Restaurant ist hell und freundlich – und nur für Nichtraucher (Raucher treffen sich zwischendurch in der Bibliothek nebenan). Der Service ist locker und ungezwungen, niemand muss mit Schlips am Tisch sitzen. Eine Spielecke sowie Bücher und Malsachen sind selbstverständlich im „fering hüs".
Für Volker und Dajana Schumacher ging damit ein Traum in Erfüllung: ein kleines Hotel, um dort die Ideen von Service und guter Gastfreundschaft umzusetzen. Beide sind in der Gastronomie zu Hause. Der Chef hat Koch und Hotelfachmann gelernt. Nach Stationen im In- und Ausland – unter anderem im „Savoy" in London und im „Elysee" in Hamburg – hat er mit seiner Frau und Sohn Fynn Casper seinen Wirkungskreis auf Föhr. Die Chefin studierte in Trier Internationale Betriebswirtschaftslehre mit Schwerpunkt Tourismus und Marketing und kümmert sich ums Organisatorische. Besonders bei Veranstaltungen läuft Dajana zu Höchstform auf. In den Wintermonaten

gibt es kaum ein Fest, das nicht im einzigen Saal von Wyk gefeiert wird, ob Hochzeit, Geburtstag, Jahresabschlussfeier oder der berühmt-berüchtigte „Schweineball". Natürlich wird in so einem traditionsreichen Betrieb auch Grünkohl zum Biikebrennen am 21. Februar serviert und tüchtig geschwoft.
Auch außer Haus macht das Team eine gute Figur: Vor den Augen der Gäste zu kochen und zu braten, ob auf Stadtfesten, Veranstaltungen des DEHOGA oder dem Fischmarkt – das „fering hüs" ist dabei.

Föhrer Kohlpudding

Zutaten

1 kg Weißkohl
600 g Hackfleisch
Pfeffer, Salz
1 Zwiebel
3 Eier
10 g Fett
1 EL Semmelbrösel
6 Scheiben Räucherspeck

für die Speckstippe:
gewürfelter Speck
1 Zwiebel, gewürfelt
1/2 l Milch
1/8 l Sahne
10 g Fett
Mehl
1 El gekörnte Brühe
Salz, Pfeffer, Muskat

Zubereitung

Kohl putzen, waschen, vierteln und in reichlich Salzwasser ca. 15 Minuten kochen, im Sieb abtropfen lassen. Hackfleisch mit gewürfelter Zwiebel, Semmelbrösel und Eiern vermischen, mit Salz und Pfeffer abschmecken. Eine Puddingform mit Fett ausstreichen und mit 3 Scheiben Speck auslegen. Kohlblätter in der Puddingform auslegen, Hackfleisch und Kohl schichtweise einfüllen. 3 Scheiben Speck obendrauf legen, Puddingform schließen.
2 Stunden im Wasserbad kochen. Dazu die Form in einen Topf stellen und mit soviel kochendem Wasser füllen, bis die Form noch zwei Finger breit aus dem Wasser schaut. Für die Speckstippe gewürfelten Speck und Zwiebel in heißem Fett auslassen. Danach den Speck mit Mehl abstäuben und mit Milch auffüllen, abschmecken und die Sahne einrühren.

Serviervorschlag:
Den Pudding stürzen und in Scheiben schneiden, mit Petersilie abstreuen. Er wird mit der Speckstippe und Pellkartoffeln serviert.

Das Weinkontor am Glockenturm

Im Dezember 2002 eröffneten der Hamburger Torsten Tews und sein Partner Michael Steuer das „Weinkontor“ am Glockenturm. 1697 wurde hier das ursprüngliche Anwesen erbaut, ein geschichtsträchtiger Ort, an dem es zwischenzeitlich sogar schon mal einen kleinen Wein- und Gemischtwarenhändler gab – so schließt sich der Kreis. Bei einer Weinverkostung in Rellingen gab ein Bekannter den Ausschlag für den Schritt auf die Insel: Er war der Meinung, es „müsste endlich mal ein richtiges Wein-Fachgeschäft“ nach Föhr.

Tews und Steuer sind Theater- und Dokumentarfilmleute (Tews ist verantwortlich für Bühne und Licht, Steuer ist Regisseur), doch schon lange haben sie sich auch der Weinkultur verschrieben. Auf ihren zahllosen weltweiten Reisen hatten sie reichlich Gelegenheit, sich mit dem edlen Stoff und den kreativen „Machern“ intensiv zu befassen. Der mit ihnen befreundete Hamburger Weinimporteur Gerd Rindchen war „spiritus rector“ für das gepflegte Preis-Genuss-Verhältnis ihrer fast 200 internationalen Weine.

Beide „wuppen“ alles allein, so bleibt der unverkennbar eigene Stil in der Kommunikation mit den Kunden und der Gestaltung des Sortiments authentisch: eigenwillig, lässig, künstlerisch, „Weinfritzen eben“ – so lässt sich das Ambiente des Ladens am besten beschreiben.

Highlight im Sortiment ist der „Andresen Portwein“. Dieses Portweinhaus, das heute noch zu den bedeutendsten privat geführten Portweinhäusern Portugals gehört, wurde 1845 vom Föhrer Jann Hinrich Andresen gegründet. Tews und Steuer haben die Wurzeln von J. H. Andresen auf der Insel mühevoll recherchiert; bis zu ihrer Ankunft auf der Insel gab es kein öffentliches Interesse an dieser Familie, die in Portugal und Amerika Fuß gefasst hatte. Heute sind die Flaschen aller Qualitäten ihrer Portweine mit einem liebevoll gestalteten, ausführlichen Heftchen und einem Zertifikat bestückt und erfreuen sich größter Beliebtheit bei den Einheimischen und den zahlreichen Gästen aus ganz Deutschland.

Das Weinkontor
am Glockenturm

Große Straße 37
25938 Wyk

Telefon 0 46 81/74 81 81
Telefax 0 46 81/74 81 82

Alte Druckerei. Die Weinstube

Torsten Tews und Michael Steuer handeln Weine, die sie selbst importieren. Das Preis-Leistungs-Verhältnis ist perfekt, die fachliche Beratung in besten Händen. Anreiz genug, die im „Weinkontor“ angebotenen Produkte gastronomisch zu vermarkten. Aber es fehlte lange am geeigneten Objekt.

Dann stand Anfang 2006 die Föhr-Amrumer Druckerei leer; innerhalb von sieben Wochen, bis Gründonnerstag, entstand eine Weinstube mit einladendem Flair.

Bar-Tische laden den Gast in den vorderen Bereich. Im hinteren Raum locken gemütliche Cocktailsessel in ein modern-gediegenes Ambiente. Der sonnenverwöhnte idyllische Hinterhof bekam eine gemütliche Bestuhlung und der Wildgarten verbreitet auch abends ein mediterran duftendes Flair.

Das Rezept der „Weinstube“: Die Pantry-Küche erfreut mit leichten Delikatessen – es reizt eine Vielfalt von offenen Weinen. Ein kleines Team offeriert über 50 Rot-, Rosé- und Weißweine sowie Moussierendes. Der Gast soll – selbst wenn er nur kurz bleibt – in Ruhe ein Gläschen genießen und den Appetit stillen können. Und das bezahlbar. Alle Weine kommen ebenso perfekt temperiert aus den Klimaschränken wie die Käseauswahl oder die Lachskreationen, die in Deutschland ihresgleichen suchen. Premiumsäfte, alkoholfreie Getränke und ganz besondere Flaschenbiere runden das Angebot ab.

Der Clou: Nachmittags hält die Wiener Kaffeehauskultur mit „Meinl-Kaffee“ (höchste Qualität seit 1862) Einzug. Dazu gibt es u. a. traumhafte Petit Fours und Gebäckspezialitäten. Bei allem ist dieses aparte Wohlfühlambiente durchaus portemonnaiefreundlich.

Klar, dass man auch die Chefs vom „Weinkontor“ öfter im „Katzengang“ sieht. Vor allem, weil sich hier ein Kultursalon entwickelt mit literarischen, musikalischen und allerlei anderen kreativen Schlaglichtern (siehe Föhrer Veranstaltungskalender).

Alte Druckerei. die weinstube

Mittelstraße 17
„Katzengang“
25938 Wyk

Telefon 0 46 81/74 86 00

CAFÉ-KONDITOREI STEIGLEDER

Café-Konditorei Steigleder

Lieselotte und Wolfgang Weber

Sandwall 28
25938 Wyk

Telefon 0 46 81/44 11
Telefax 0 46 81/59 30 17

Das „Café Steigleder“ gehört seit nahezu neunzig Jahren zu den traditionsreichsten Adressen an der Wyker Strandpromenade, dem Sandwall. Am 25. Juni 1919 hatte der aus Heidelberg stammende Konditor Karl-Jacob Steigleder den Mut zum beruflichen Neuanfang auf der von ihm so sehr geliebten Nordseeinsel Föhr. „Die Anfangszeit war für meinen ersten Mann schwer, der verlorene Erste Weltkrieg steckte noch allen Menschen sehr in den Knochen“, erzählt Lieselotte Weber.

Der Geschäftsgründer konnte seinen Gästen neben seiner Mini-Konditorei zunächst nur zwei Tische und acht Stühle bieten. Aber Karl-Jacob Steigleder schaffte es, und nach einer Weile florierte das wunderschön gelegene Café.

Der Ausbruch des Zweiten Weltkrieges bedeutete für den Konditor und Cafébesitzer Steigleder, so wie für die gesamte Fremdenverkehrswirtschaft auf Föhr, einen bitteren Einschnitt, doch das „Café Steigleder“ überlebte diese unruhigen Zeiten der Besatzung und blieb erhalten.

Anfang der 1950er Jahre entwickelte sich langsam wieder so etwas wie Fremdenverkehr auf der Insel und die Kurgäste kehrten nach Föhr zurück. Zunächst kamen nur die Frauen und Kinder, da die Familienväter arbeiten mussten.

Zu dieser Zeit war übrigens die Terrasse auf dem Sandwall noch nicht bestuhlt: „Erst in den sechziger Jahren gab es die offizielle Erlaubnis, wieder auf der Terrasse bedienen zu können“, erinnert sich die Chefin. Die Bestuhlung, auch auf der Wiese am Sandwall, geht auf den Einsatz des zweiten Gatten von Frau Weber, Hans-Joachim

Weber, zurück. Der aus Sachsen stammende Wahl-Insulaner hatte zwar überhaupt nichts mit dem Konditor-Handwerk zu tun, jedoch engagierte er sich von Mitte der siebziger Jahre bis zu seinem unerwarteten Tod im Sommer 2006 sehr aktiv im Deutschen Hotel- und Gaststättenverband (DEHOGA).

Auf ihn und seine Frau geht auch die so genannte „Silvestermeile" zwischen dem Zweiten Weihnachtstag und dem 6. Januar zurück: Im ersten Jahr verkaufte das Café als einziger Gastronomiebetrieb vor seinem Schaufenster Glühwein. Daraus entwickelte sich in den folgenden Jahren die Meile, da es andere Betriebe dem „Steigleder" gleichtaten. Mittlerweile stehen zu Silvester auf dem Sandwall viele liebevoll geschmückte Holzhütten mit diversen Leckereien.

Im „Café Steigleder" werden seit alters her alle Konditor- und Backwaren nach eigenen Rezepten auf traditionelle Weise selbst gebacken. Dafür sorgt heutzutage Lieselotte Webers Sohn Wolfgang. Zusammen mit den Mitarbeitern garantieren das Café und die Konditorei einen hohen Qualitätsstandard: Die Torten und Backwaren werden von einer wachsenden Zahl von Kunden, die das Café regelmäßig besuchen, sehr geschätzt. „Ich bin stolz auf unseren Betrieb", bekräftigt die langjährige Chefin mit einem Lächeln.

Ganz oben in der Gunst der Café-Besucher steht nach wie vor die Friesentorte, unter anderem gefolgt von der leckeren Nuss-Marzipan-Sahne-Torte nach Lübecker Art. Zudem gibt es im „Café Steigleder" auch deftige Kleinigkeiten zu bestellen, wie zum Beispiel belegte Brote, Suppen oder wechselnde Eintöpfe.

Und wenn es dann im Winter kälter wird, der Wind über die Insel fegt und die Wellen an die Mittelbrücke schlagen, treffen sich Freunde und Insulaner im „Café Steigleder", um bei einem gemütlichen Klönschnack einen heißen Pharisäer oder ein Bier mit Korn zu genießen.

FÖHR-AMRUMER BANK EG

Föhr-Amrumer Bank eG

Waasterstigh 21
25946 Nebel
Telefon 0 46 82/9 42 20
Telefax 0 46 82/94 22 90

Boldixumer Straße 21
25938 Wyk
Telefon 0 46 81/5 00 30
Telefax 0 46 81/50 03 70

Das Millennium brachte nicht nur ein neues Jahrtausend – mit ihm begann auf Föhr und Amrum auch die Zeit der „Föhr-Amrumer Bank eG". Dieses Geldinstitut entstand nach gründlicher Vorbereitung aus der Fusion der „Raiffeisenbank Amrum" und der „Föhrer Bank".

Der Amrumer Zweig des Geldinstituts geht auf zwei Spar- und Darlehenskassen zurück, die 1924 in Norddorf sowie vier Jahre später in Nebel aus der Taufe gehoben wurden. 1972 taten sich die beiden Häuser auf Beschluss ihrer Gesellschafterversammlungen zusammen und firmierten um zur „Raiffeisenbank Amrum eG" mit Sitz in Nebel.

Das dortige Bankgebäude im Waasterstigh 21 wurde anschließend umfangreich erweitert und ausgebaut und stellt noch heute den Amrumer Geschäftssitz im Ortskern des Friesendorfes dar. Die Bauweise der Bank unter Reet wird immer wieder von Urlaubern bewundert. Der friesisch orientierte Stil innen wie außen fügt sich harmonisch in das historische Ortsbild ein. Die Kollegen auf Föhr hingegen residieren in einem Neubau an der Boldixumer Straße 21 in Wyk. Das Gebäude wurde 1968 in

Rekordbauzeit von nur fünfeinhalb Monaten fertiggestellt und seiner Bestimmung übergeben.
Die Banken-Geschichte Föhrs reicht noch weiter in die Vergangenheit zurück, nämlich bis in das Jahr 1892: „Im Mai jenes Jahres erfolgte die Gründung des ersten genossenschaftlichen Unternehmens im Banken- und Genossenschaftsbereich auf der Insel Föhr", so die Chronik der Föhrer Bank anlässlich des 100-jährigen Jubiläums über die Volksbank der Insel. Diese Volksbank, die vier Jahre später in Oldsum gegründete Raiffeisenbank sowie die Spar- und Darlehenskasse zu Oevenum bilden die drei historischen Wurzeln des ebenso traditionsreichen Föhrer Zweiges.
Heutzutage präsentiert sich die Föhr-Amrumer Bank als modernes Bankinstitut auf genossenschaftlicher Basis. Die Identifikation der 37 Mitarbeiter mit den Insulanern ist unverkennbar: Plattdeutsch oder Friesisch ist häufig die Sprache, in der sich die Einheimischen auch heute noch mit den Bankern unterhalten. Das Motto „Wir sind eine Bank von Insulanern für Insulaner" kommt nicht von ungefähr und trifft auf alle Fälle zu.
Die zusammengewachsene Föhr-Amrumer Bank stellt ein außerordentlich kundenfreundliches wie leistungsstarkes, modernes und unabhängiges Geldinstitut dar. Die Mitglieder beziehungsweise Kunden kommen aus allen Geschäftsbereichen, vom mittelständischen Handwerker und Einzelhändler sowie Landwirt bis hin zum Restaurantbesitzer und Hotelier sind sämtliche Berufsgruppen der Inseln vertreten.
Die Bank bietet gegenüber den Mitbewerbern – neben anderen – einen wichtigen Vorteil: Der Vorstand kann innerhalb kürzester Zeit über die Vergabe von Krediten entscheiden – ein großes Plus vor allem für investitionsbereite einheimische Geschäftsleute.
Auch das Immobilien-Vermittlungsgeschäft wird seit Jahren erfolgreich von der Föhr-Amrumer Bank betrieben.

HOTEL-RESTAURANT SCHLOSS AM MEER

Hotel-Restaurant
Schloss am Meer

Badestraße 112
25938 Wyk

Telefon 0 46 81/5 86 70
Telefax 0 46 81/50 18 66

Von Weitem schon gut sichtbar macht der wilhelminische Bau des Hotels „Schloss am Meer“ neugierig: Ein so gutes Beispiel der Bäderarchitektur ist an der Nordsee nicht mehr allzu häufig zu finden. Immerhin stammt das dem Strand gegenüber liegende Gebäude aus dem Jahr 1918.
Die bewegte Geschichte des Hotels im Zeitraffer: Während des Zweiten Weltkriegs waren hier Nachrichtenhelferinnen stationiert, später diente das Haus alliierten Verwundeten als Lazarett. Auf Initiative der Engländer und parallel zur Zulassung der Krankenkassen öffnete das Schloss 1952 seine Tore als Kurheim für Kinder mit Atemwegserkrankungen. Später wandelte die Barmer Ersatzkasse das Gebäude zu einem allgemeinen Kindererholungsheim um. Die Gesundheitsreform hatte zur Folge, dass das Heim sich nicht mehr rentierte und 1997 schließlich zum Verkauf stand. Die heutigen Besitzer erwarben Grundstück und Gebäude im Jahr darauf und funktionierten das „Schloss am Meer“ wieder zum Hotel (das Haus ist weiterhin sehr kinderfreundlich!) mit eigenem Restaurant um. Seither präsentiert sich das Vier-Sterne-Hotel mit Blick auf die Nordsee und Amrum als gepflegte, privat geführte Adresse mit Einzel- und Doppelzimmern, Suiten und Appartements, die allesamt hell und freundlich eingerichtet sind. Zu den Dienstleistungen gehört unter anderem ein gediegener Kosmetik- und Wellnessbereich für individuelle Behandlungen – im Angebot sind diverse Wohlfühlmassagen für Körper und Gesicht. Der abgeschlossene, modern ausgestattete Tagungsbereich des Hotels ist geeignet für bis zu 25 Personen.
Auch vom Schloss-Restaurant aus kann man seinen Blick herrlich über die Hallig-Welt schweifen lassen. Das Ambiente

entspricht einem lichtdurchfluteten, klassisch-englischen Wintergarten. Bereits morgens zum Frühstück kann der Gast diese wohltuende Atmosphäre genießen. Küchenchef Peter Becker schwört auf die regionale, auf die jeweilige Saison abgestimmte Küche, bei der Frischprodukte absoluten Vorrang genießen. Die Kochweise entspricht gehobenen lukullischen Ansprüchen und ist dabei ausgesprochen fair in puncto Preis-Leistungs-Verhältnis. Individuelle Wünsche der Gäste erfüllt das kreative Küchenteam immer wieder gern. Die Kräuter aus dem hoteleigenen Garten verleihen den kulinarischen Kreationen Beckers ein ums andere Mal den ganz besonderen Pfiff. Mitarbeiter Wolfgang Schrön kümmert sich mit seinem „grünen Daumen" höchst persönlich darum, dass der Kräutergarten nach ökologischen Gesichtspunkten wächst und gedeiht.

Himbeer-Panna Cotta und „Geeiste Föhrer Luft" im Krokantkörbchen

Zutaten

Panna Cotta:
300 ml Sahne
200 g Himbeeren (fein püriert)
80 g Zucker
1 Vanilleschote
4 Blatt Gelatine

Eismasse:
1/4 l Sahne
1/4 l Milch
4 Eigelb
60 g Zucker
1 Vanilleschote

„Geeiste Luft" (Holunderblüten-Eis):
100 ml Holunderblütensirup und die Hälfte der Eismasse

Erdbeereis:
200 g pürierte Erdbeeren und die Hälfte der Eismasse

Krokantkörbchen:
50 g Zucker
15 g Mehl
25 g gemahlene Nüsse
25 g Butter
1 EL Orangensaft
1 EL Zitronensaft

Zubereitung

„Geeiste Föhrer Luft":
Zutaten für die Eismasse in eine Schüssel geben und über Wasserdampf dicklich aufschlagen. Masse teilen und eine Hälfte mit Blütensirup, die andere mit Erdbeerpüree vermischen. Unter gelegentlichem Rühren im Tiefkühler gefrieren lassen, danach schichtweise (für die Marmorierung) in einen Behälter geben.

Panna Cotta:
Sahne, Zucker und Vanille 10 Minuten köcheln lassen. Vom Herd nehmen und eingeweichte Gelatine zugeben. Himbeermark einrühren, in Förmchen geben und mindestens 4 Stunden kalt stellen.

Krokantkörbchen:
Zutaten in einem Topf bei geringer Hitze flüssig werden lassen. 1/2 Stunde kühlen, dann kleine Kugeln formen und diese auf ein Blech mit Backpapier geben. Genügend Platz lassen und bei 200 °C ca. 6–8 Minuten goldbraun backen. Etwas abkühlen lassen und sofort in eine Kaffeetasse legen, so dass ein Körbchen entsteht. Den Rand etwas überlappen lassen. Luftdicht verschlossen halten sich die Krokantkörbchen 1–2 Wochen.

Die Himbeer-Panna-Cotta aus der Form stürzen. Die „Geeiste Luft" mit einem Portionierer oder Löffel in die Körbchen setzen und mit frischen Beeren und Minze garnieren.

CAFÉ-RESTAURANT KLEIN HELGOLAND

Café-Restaurant
Klein Helgoland

Achtern Diek 14
25938 Wyk

Telefon 0 46 81/38 47

Die gastronomische Vielfalt von Föhr ist wirklich erstaunlich: Da gibt es ein interessantes Ausflugsziel an einer Stelle, wo man es ob der vielen Schiffe im Wyker Sportboothafen zunächst gar nicht vermuten würde. Die Rede ist vom „Café-Restaurant Klein Helgoland" auf dem imposanten wie wehrhaften Außendeich der Inselhauptstadt. Die alten Insulaner erzählen sich an Winterabenden beim Grog oder Teepunsch, dass es tatsächlich schon geschehen sein soll, dass jemand die rote Felseninsel von dieser exponierten Stelle aus gesehen hat. Ob als Luftspiegelung oder weil das Glas tiefer war als gedacht, das ist bis heute noch nicht hundertprozentig geklärt. Auf alle Fälle hat das Sturm und mitunter Gischt und Wellen ausgesetzte Lokal daher seinen klangvollen Namen.

Krzysztof und Susanne Stelly-Planta sind die Gastgeber im „Klein Helgoland". Das ganzjährig geöffnete Ausflugslokal bietet seinen Gästen zwei attraktive Außenterrassen. Je nach Windrichtung werden diese von den Radfahrern und Fußgängern auch das ganze Jahr über gut frequentiert.
Zu gucken gibt es eine Menge: Der Blick kann den Fährverkehr verfolgen und über den gesamten Hafen schweifen sowie die Halligen erfassen – und eben, so Neptun es will, auch Helgoland...
Das Ehepaar mit polnischen und deutschen Wurzeln lädt bereits zum Frühstücken ein. Kleine Speisen, selbstgebackene Kuchen und natürlich gepflegte Getränke (erfrischendes Fassbier!) runden das Angebot ab.
In Sachen Kuchen darf man sich auf einen exklusiven Kirsch-Käse-Kuchen mit Streu-

seln aus Krakau freuen (siehe Rezept). Köstliche Teesorten – kredenzt im originellen wie praktischen „Tea-for-one-Kännchen" – korrespondieren mit den süßen Leckereien. Und das Ganze wird auf sehr schönem, farbenfrohen Porzellan serviert. Die Teespezialitäten wie die Service sind auch käuflich als Mitbringsel zu erwerben. Dass es in dem kuscheligen Kaffeehaus auch Kaffee gibt, versteht sich.
Genau wie draußen gibt es im „Klein Helgoland" viele Blickfänge. Emailleschilder, antiquarische Accessoires und ungewöhnliche Bilder reizen zu einer längeren Augenreise. Der Blick vom Café aus ist natürlich auch flott, vor allem wenn es draußen stürmt und kalt ist. Der in Krakau aufgewachsene Krzysztof lernte Susanne auf der Insel kennen, wo beide 2003 heirateten. Der Restaurantfachmann hatte zuvor internationale Erfahrungen, unter anderem in der Schweiz gesammelt, bevor er und seine Frau sich im Jahr der Eheschließung mit dem „Klein Helgoland" selbstständig machten. Das „Café-Restaurant" liegt rund fünf Minuten Fußweg vom Fährhafen entfernt. Parkmöglichkeiten gibt es an der Autowaschanlage im Gewerbegebiet.

Krakauer Kirsch-Käse-Streusel

Zutaten

Für den Teig:
400 g Mehl
½ TL Backpulver
150 g Butter
200 g Zucker
2 Eier

Für die Käsecrème:
½ l Milch
1 Päckchen Sahne-Puddingpulver
190 g Zucker
2 Eier
500 g Quark
2 Päckchen Vanillinzucker
2 cl Rum
1 Glas Sauerkirschen ohne Steine (720 ml)

Für die Streusel:
300 g Mehl
150 g Butter
300 g Zucker

Zubereitung

Mehl mit Backpulver mischen und in die Mitte eine Vertiefung drücken. Butter in Flöckchen an den Rand setzen. Zucker und Eier in die Vertiefung geben, zu einem glatten Mürbeteig verkneten und ca. 30 Minuten kalt stellen.
Käsecrème: Aus Milch, Puddingpulver und 50 g Zucker nach Packungsanweisung einen Pudding kochen und erkalten lassen. Eier trennen. Quark, restlichen Zucker, Vanillezucker, Eigelb und Rum verrühren. Pudding unterrühren, Eiweiß steif schlagen und unterheben. Ofen auf 200 °C vorheizen. Teig auf Backpapier ausrollen. Im vorgeheizten Ofen ca. 10 Minuten vorbacken. Kirschen gut abtropfen lassen, auf dem Boden verteilen und Käsecrème darüberstreichen.
Für die Streusel Mehl, Butter und Zucker verarbeiten, über die Käsecrème streuen und Kuchen bei 200 °C etwa 45 Minuten backen.

LANDHAUS LAURA

Hotel Restaurant Café
Landhaus Laura

Buurnstrat 49
25938 Oevenum

Telefon 0 46 81/5 97 90
Telefax 0 46 81/59 79 35

Wer Abstand vom Alltag gewinnen und in einen ruhigen, erholsamen Urlaub eintauchen möchte, wer Atmosphäre statt goldener Wasserhähne schätzt, der ist im Landhaus „Laura" bestens aufgehoben. Dafür garantiert zunächst die Lage im schmucken Oevenum mit seinen alten reetgedeckten Häusern – Idylle pur!
Die Harmonie setzt sich auf dem Grundstück des Hotels wie auch in jedem einzelnen Raum des fachkundig renovierten Anwesens von Claudia und Jörn Sternhagen fort. Beide lernten sich in Heidelberg kennen, nachdem er seinen Ausbildungsweg zum Koch und Restaurantfachmann im Hamburger „Vier Jahreszeiten" beendet hatte. Nach gemeinsamen Jahren im elterlichen Betrieb des Cuxhaveners kaufte das Ehepaar 1998 auf Initiative und mit Unterstützung des gemeinsamen Freundes Hans Georg van Herste das Landhaus „Laura". Investitionen und Umbaumaßnahmen trugen schnell Früchte und ließen den 300 Jahre alten Hof in neuem Glanz erstrahlen. Bis auf zwei Monate im Winter ist das Vorzeige-Hotel zu allen Jahreszeiten geöffnet. Im Sommer sitzt man schon zum Frühstück im Bauerngarten und genießt die Ruhe sowie den Duft von Kräutern, Blumen und Obstbäumen. Dort lässt es sich im Strandkorb oder auf der Liege aushalten, die Seele kann so richtig baumeln. Grillabende tun das ihre für den lukullischen Aspekt dieses Idylls.
Viele Stammgäste kommen gern in den kühleren Monaten. Allein schon deshalb, weil es dann in der „Laura" vor dem Kachelofen besonders behaglich ist. Das milde Klima verspricht gerade außerhalb der Saison beste Erholung. Zudem verfügt das Hotel mit seinen fünfzehn liebevoll eingerichteten Zimmern über einen kleinen Erholungsbereich mit Sauna und Wärmesandliege sowie über Massage- und Physiotherapie-Angebote.
Besonders hervorzuheben in dem sehr persönlich geführten Landhaus, das zu den

Spitzenhäusern seiner Art in Deutschland zählt, ist die Küche. Der Chef kocht persönlich. Die Menüs werden ständig variiert, so dass der Gast immer mit einer positiven Überraschung rechnen darf. Sternhagen bevorzugt frische Produkte aus der Region und passt seine Karte dem Jahresverlauf an. Dabei bilden Meerestiere einen Schwerpunkt im Wirken des kreativen Kochs, der auch unter die Autoren gegangen ist: In seinem Buch „Der Inselkoch" ist nachzulesen, wie Kochen auch Spaß machen kann.
Davon kann sich der Gast im Restaurant des Landhauses „Laura" überzeugen, etwa beim wechselnden Tagesgericht oder montags am kalt-warmen Fischbüffet oder jeden Mittwoch während eines leichten Dreigangmenüs. Überhaupt bietet das Landhaus „Laura" interessante Arrangements, wozu auch Entspannungstage oder die Kuschelwochenenden, Schlemmer- & Schnupperwochen zählen. Ausgesuchte Konzerte und Vorträge, Weinproben und Dichterlesungen sind weitere Magnete für Hausgäste wie Passanten.

Gratiniertes Steinbeißerfilet

Zutaten
für den Fisch:
800 g Steinbeißerfilet
100 g Krabben
4 Scheiben Schmelzkäse
2 Strauchtomaten
80 g Hollandaise
2 EL Ketchup
5 cl Balsamico
15 große Basilikumblätter
Olivenöl, Zucker, Parmesan, Zitronensaft, Meersalz, weißer Pfeffer, Mehl, Butter

für die Sauce:
0,8 l Fischfond
0,4 l Créme fraiche
0,1 l Prosecco
1/2 Limone, Anis
für die Beilagen:
800 g Blattspinat
4 Schalotten
Butter, Muskat, Salz, Pfeffer
200 g Basmatireis

Zubereitung

Filet säubern, säuern, salzen, portionieren; mehlieren, gold-gelb in Öl anbraten und auf 4 gebutterte Teller legen. Pfeffern und mit der Sauce Choron (Hollandaise mit Balsamico, Ketchup, Salz, Pfeffer verfeinern) bestreichen. Dann mit Tomatenvierteln, Krabben, Basilikumblättern und je 1 Scheibe Schmelzkäse belegen und überbacken. Darauf 1 Klacks Basilikumpesto (restl. Blätter mit Öl, Parmesan, Zucker klein hacken) und 1 Basilikumblatt als Garnitur geben. Fischfond in die Pfanne geben, Crème fraîche unterziehen, reduzieren, Prosecco und Limonensaft zugeben. Sämig kochen, Sauce nicht binden. Blattspinat blanchieren, mit den gehackten Schalotten in Butter anschwenken, würzen. Den Reis in Salzwasser bissfest kochen.
Zum Anrichten den Reis in der Mitte des Tellers schichten, für den Spinat ein Loch in die Mitte mit dem Löffelrücken drücken. Die Sauce um den Reis herum bis zum Tellerrand und etwas auf den Spinat geben, die überbackenen Filets jeweils auf den Spinat schieben. Die Sauce mit Anis abstäuben.

MIDLUMER KROG

Gaststätte und Landhotel
Midlumer Krog

Familie Jung

Dörpstraat 50
25938 Midlum

Telefon 0 46 81/27 64
Telefax 0 46 81/50 16 40

Zu den alteingesessenen und sichtbar gepflegten Gaststätten von Föhr gehört ohne Frage auch der „Midlumer Krog".
„Seine Existenz geht nachweisbar auf das Jahr 1879 zurück, aber das Haus ist ganz gewiss älter", weiß der Gastwirt Andreas Jung. Er und seine Frau Birthe übernahmen den Betrieb 1983 von ihren Eltern Thomas und Mali Petersen, die den Krug zuvor bereits 22 Jahre lang erfolgreich geführt hatten. Das Haus dient auch heutzutage noch als Herberge für fremde Maurer- und Steinhauer-Gesellen. Außerdem befand sich hier früher – neben der Gastwirtschaft – die Poststelle sowie eine Bäckerei.
Der „Midlumer Krog" wird auch weiterhin ein sehr persönlich geführter Familienbetrieb bleiben, denn die dritte Generation – die Töchter Kerstin und Doris, Restaurantfachfrau und Küchenmeisterin, sind kräftig mit eingespannt. Und dass eine der beiden so flotten wie freundlichen jungen Gastgeberinnen dereinst die Gaststätte mit ihrem angeschlossenen Landhotel verantwortlich übernehmen wird, ist heute schon vorprogrammiert. Drei weitere fest angestellte Mitarbeiter sorgen zudem dafür, dass es in der Dörpstraat wie am Schnürchen klappt.
Im Dorfkrug gehört Plattdeutsch übrigens zur Tagesordnung. Und wenn Sie die Gastgeber deswegen einmal nicht so ganz verstehen, fragen Sie ruhig nach – Hochdeutsch wird in dem Midlumer Traditionshaus ebenso gepflegt.
Nicht nur die Einheimischen, sondern auch viele Urlauber schätzen den gemütlichen Stammtisch des Hauses, an dem es sich herrlich Klönen oder Skat spielen lässt.

Letztlich hat ja jeder, der einen Schnack mit anderen mag, etwas zu erzählen, egal ob er aus Berlin, Köln oder aus Wyk stammt.
Die gutbürgerliche Küche des „Midlumer Kroges" ist geprägt durch reelle und preiswerte Hausmannskost. Je nach Jahreszeit kann man sich hier Grünkohl, Rübenmus, Lammeintopf, hausgemachte Kohlroulade und Ähnliches munden lassen.
Nordseefisch gehört zu den weiteren kulinarischen Verführungen des Gasthofes: Seezunge, Scholle, Aal in verschiedenen Variationen, aber auch Muscheln und Krabben werden von Birthe, Doris und ihrem Team äußerst schmackhaft und ohne viel Tamtam zubereitet.
In den drei verschieden großen Räumen des „Krogs" wird häufig gefeiert, vor allem in der kälteren Jahreszeit.

Die Gäste werden im „Midlumer Krog" à la carte verwöhnt oder auch im Rahmen von Feierlichkeiten jeder Art mit zuvor abgesprochenen Menüs. „Wir bieten Fisch-, Wild- und Fleischgerichte überwiegend von heimischen Tieren an", betont Kröger Andreas Jung, „immer wieder ausgesprochen beliebt in diesem Zusammenhang ist unser Föhrer Hochzeitsessen."
Natürlich verfügt Familie Jung auch über gepflegt gezapftes Bier, eine kleine Weinauswahl und ein großes Angebot an sonstigen Getränken. Ganz oben auf der Beliebtheitsskala stehen im übrigen Grog, Punsch, Pharisäer sowie das Föhrer „Nationalgetränk" Manhattan.

Gefülltes Schollenfilet

Zutaten
(für 1 Person)

1 Scholle, filiert
50 g Lauch
50 g Krabben
Pfeffer, Salz, etwas Butter, Zitrone und Dill zum Garnieren

Zubereitung

Beide Filets goldbraun in Butter braten, Lauch in Butter anschwitzen, Krabben dazugeben, würzen.
Ein Schollenfilet auf den Teller legen, Lauch-Krabben-Mischung auf den Fisch geben und das andere Filet obendrauf legen, mit Zitrone und Dill garnieren. Dazu eignen sich besonders gut junge Kartoffeln.

ALTES LANDHAUS

Restaurant Altes Landhaus

Bi de Süd 22
25938 Nieblum

Telefon 0 46 81/25 72
Telefax 0 46 81/50 14 86

Wann exakt das „Alte Landhaus" erbaut wurde, ist nicht bekannt, erste Aufzeichnungen zeigen jedoch, dass es bereits 1743 bewohnt war. Zu finden ist das Restaurant im idyllisch-ruhigen Teil von Nieblum.
Die Chronik des Hauses mutet fast wie ein Roman an: Ipke Payen, einer der ersten Besitzer im 18. Jahrhundert, ereilte der Tod völlig unerwartet auf Grönland. Zwei Jahrhunderte später verließ sein Nachfahre Alfred Legband das Zuhause, um sein Glück in Amerika zu suchen. Diesen Weg gingen vor und nach ihm auch viele der Nachbarn, so dass es mehr Föhringer in den Staaten als auf der Insel selbst geben soll.
Viele Seefahrer bewohnten das „Alte Landhaus" im Laufe der Jahrhunderte, es erlebte jede Menge Hochzeiten, Taufen und manches Abschiednehmen. So viel kurz zur Geschichte des historischen Gebäudes. Clärchen Schultz richtete im Jahr 1954 unter dem altehrwürdigen Dachstuhl ein Restaurant ein – ihre Tochter Elke übernahm das renommierte Haus 41 Jahre später. Die versierte Hotelfachfrau erkannte schnell, dass es sinnvoll ist, sich von der althergebrachten, damals noch bevorzugten Hausmannskost zu lösen. So entfaltete sie ihren eigenen Stil, den sie stets weiterentwickelt und nach wie vor selbst am Herd zelebriert.
Den Gast erwartet eine frische, regionale und hochwertige Produktauswahl, „à la minute" auf den Tisch gebrachte Grill-Spezialitäten von Fisch und Lamm dominieren die Speisekarte. Das Gemüse kommt, wenn möglich, von der Insel. So oft es geht, bietet die resolute Gastgeberin auch

frischen Fang der Inselfischer an. Sehr gut kommt die von Elke Schultz gepflegte Tradition an, ihre reichhaltige Tageskarte wechselweise auf die verschiedenen Bundesländer abzustimmen – wenn man so will, als eine kulinarische Verbeugung vor den Urlaubsgästen.
Eine weitere Besonderheit in dem zu den ältesten Föhrer Restaurants zählenden Haus, das 2004 sein fünfzigjähriges Betriebsjubiläum feiern konnte: Vegetarische Gerichte gibt es hier in ausgesprochen großer Vielfalt – gebackener Schafkäse und eine Curry-Reispfanne oder geschmorte Champignonköpfe zählen zu diesen lukullischen Bereicherungen.

Seit Jahren hält Elke Schultz in ihrem geschmackvoll eingerichteten Haus eine Mittagskarte mit einer sehr gästefreundlichen Kalkulation bereit. „Das kleine Mittagessen" kostet beispielsweise nur 7,70 Euro. Das kommt ebenso gut an wie die eigene Kinderkarte, die den lieben Kleinen auch kleine Lamm- oder Rindersteaks schmackhaft macht.
Sobald es die Temperaturen erlauben, nehmen die Gäste mit der gemütlichen, baumbestandenen Gartenterrasse vorlieb. Und wer gern in der Nähe seines Lieblingsrestaurants wohnen möchte, kann sich in die geschmackvoll möblierte Ferienwohnung der Chefin einmieten.

Schweinemedaillons „Landhaus" mit Bauernsalat und Baguette

Zutaten

800 g Schweinefilet
2 mittelgroße Porreestangen
200 g Schafskäse
Butterfett
Petersilie, fein gehackt
wilder Majoran
Salz, schwarzer Pfeffer aus der Mühle
4 kleine Baguettes

für den Salat:
3 Paprikaschoten (3 Farben)
½ Salatgurke
4 Tomaten
2 rote Zwiebeln
Olivenöl
Balsamico, Salz, Pfeffer

Zubereitung

Zutaten für den Salat putzen, waschen, in Streifen schneiden, mit Salz und Pfeffer würzen und mit Balsamico und Öl vermischen.
Geputzten und gewaschenen Porree in Ringe schneiden, Schafskäse würfeln, Baguette kurz aufbacken.
Filet eventuell von Fett und Sehnen befreien, Medaillons zu je ca. 50 g schneiden und leicht plattieren.
Mit Salz, Pfeffer, Majoran würzen und braten.
Porree in einer Pfanne mit Butterfett anschwitzen und ganz zum Schluss den Schafskäse darin mitschwenken.
Medaillons auf einer vorgewärmten Platte anrichten, Porree und Schafskäse darübergeben und mit Petersilie bestreuen. Dazu werden die Baguettes und der Salat serviert.

FÖHRER KERZENSCHEUNE UND TEESTUBE

Föhrer Kerzenscheune
und Teestube

Familie Pergande/Rieper

Poststraat 7
25938 Nieblum

Telefon 0 46 81/50 18 69
oder 58 01 43
Telefax 0 46 81/54 79

Mitten im wunderschönen Nieblum, just gegenüber dem „Dörpshus", laden Hanne und Kalli Pergande seit 2002 in ihre Kerzenscheune ein. Das ist eine äußerst kreative Institution, die Klein und Groß schnell zu schätzen gelernt haben. Wann und wo sonst hat man die Gelegenheit und Ruhe, seine eigenen Kerzen zu ziehen?
Große Behälter für das entsprechende heiße Wachs und der unverwechselbar gute Duft prägen die Atmosphäre in diesem Teil des einstigen Bauernhofes. Übrigens war an gleicher Stelle noch bis 1969 die Nieblumer Post untergebracht, aber das sei nur am Rande erwähnt.
Mit viel Geduld, Fachwissen und der liebevollen Hand von Großeltern kümmern die Pergandes sich um ihre Besucher, die für eine oder mehrere Stunden in die Welt des Kerzenziehens eintauchen. Dabei kommt es auch bei den Aktivurlaubern in erster Linie auf Geduld an, bevor aus dem Docht durch immer wiederholtes Eintauchen in das flüssige Wachs die zusehends wachsende Kerze entsteht. Aber dieser Prozess lohnt sich, nicht nur weil man hinterher ein schönes Mitbringsel hat, sondern auch, „weil beim Kerzenziehen eine ganz besondere innere Ruhe einkehrt", wie die Kunden immer wieder berichten.

In der gemütlichen Scheune kann man unter fachkundiger Anleitung ebenfalls Kerzenrohlinge färben, Schwimmkerzen gießen sowie professionell gefertigte Kerzen und Zubehör und andere nette Accessoires erstehen.
Wer sich ans Kerzenziehen „herantraut", sollte ein wenig Zeit mitbringen: „Eine Stunde oder etwas mehr dauert es, bis man stolz auf sein eigenes Werk sein kann", freut sich die Ladeninhaberin mit ihren Besuchern. So oder so: Der Besuch in der duftenden Kerzenscheune lohnt sich in jedem Fall, auch wenn man nur mal schnuppern und gucken möchte.
Hanne Pergande und ihr Sohn Detlef reagierten einige Zeit nach Eröffnung der Kerzenscheune ausgesprochen „plietsch" auf das Verhalten der Besucher: Immer wieder gaben urlaubende Eltern ihre Kinder zum Kerzenziehen in die Obhut der „Kerzenfrau", um dann selber in aller Ruhe irgendwo um die Ecke einen Kaffee oder Tee zu trinken. Der Junior und seine Lebensgefährtin Kerrin Rieper machten daraus eine Tugend. Sie eröffneten am 1. Oktober 2005 im ehemaligen Stall des Hofes ihre Teestube, die sofort bei den Gästen ankam. Unter dem Dach des 1751 erbauten Hauses, wo einst das Vieh im Winter untergebracht war, regierten zunächst ein halbes Jahr lang die Handwerker des Baugeschäftes Pergande. Am Ende der aufwändig und fachmännisch ausgeführten Arbeiten war eine Tee- und Kaffeestube zum Vorzeigen entstanden.
Schöne alte Möbel inklusive eines einladenden Sofas am Kamin prägen dieses Café.

Die Wände sind in warmen, beige-roten Tönen gehalten und korrespondieren ideal mit dem Natursteinboden und dem gesamten Interieur.
In der warmen Jahreszeit bieten das Gastgeber-Paar und sein Team eine zusätzliche „Oase der Ruhe", wie viele Gäste immer wieder den lauschigen Bauerngarten bezeichnen. An der Terrasse schlängelt sich ein plätschernder Bachlauf vorbei, die Vögel zwitschern dazu – Idylle pur, keine Frage.

Und wer noch keinen Flammkuchen kennt, wird spätestens hier in Nieblum sein Herz an diese ursprüngliche elsässische Spezialität verlieren – garantiert. Selbstgebackene Torten und anderes Gebäck nach Omas Originalrezepten prägen das süße Angebot des Cafés, nicht zu vergessen die leckeren Friesenwaffel-Kreationen und die diversen Tee- wie Kaffeevariationen.

RESTAURANT ZUM SCHLACHTER

Restaurant „Zum Schlachter"

Kertelheinallee 1
25938 Nieblum

Telefon 0 46 81/58 02 08
Telefax 0 46 81/58 02 06

„Warum heißt Ihr Restaurant eigentlich ausgerechnet ‚Zum Schlachter'?", werden Reiner Hansen und seine Crew immer mal wieder gefragt. Ganz einfach: An gleicher Stelle, wo sich heute die beliebte Gaststätte befindet, wohnte und wirkte einst der Schlachter des Vorzeigedorfes Nieblum. Davon spürt der Gast heute natürlich nichts mehr. Umso reizvoller ist das, was das Haus heute zu bieten hat.

Seit über zwanzig Jahren lädt der gelernte Koch in das beliebte Restaurant ein. „Im Sommer haben wir so viele Gäste, dass die sechzig Plätze im Restaurant und die dreißig im Garten zur Hauptessenszeit schon mal ausgebucht sind", freut sich der Wirt und rät deshalb zur Reservierung.

Es gibt sogar Stammgäste, die lassen sich ihren Lieblingstisch schon vom Heimatort aus reservieren. Wenn sie dann im idyllischen Nieblum angekommen sind, kommen sie jeden Tag zu Reiner Hansen – ein Indiz dafür, dass es dem Gast in dem Restaurant offenbar gut geht.

Zu den Spezialitäten des Hauses zählen insbesondere – der alte Schlachter lässt gewissermaßen grüßen – Steaks und Schnitzel in diversen Variationen. Natürlich bietet Reiner Hansen auch frischen Fisch, vor allem aus der Nordsee, an. Ausgesprochen gern werden regionale Spezialitäten bestellt, etwa heimische Krabben, Scholle und Lamm. Und viele der Stammgäste freuen sich immer wieder auf den Dienstag, dann nämlich steht ein lohnenswertes, leckeres Riesen-Salatbüfett auf dem Programm beim Schlachter.

Auch die jüngste Generation kommt nicht

zu kurz: Für die Kleinen gibt es eine extra Speisekarte, auf der keineswegs nur „Pommes rot-weiß“ stehen. Kinder können zudem auf dem Spielplatz im Garten des über 200 Jahre alten Hauses spielen. Was natürlich den Eltern gefällt, weil sie damit ein wenig mehr entspannte Zeit für sich haben.

Die Einheimischen wissen die anheimelnde Atmosphäre im Restaurant „Zum Schlachter“ ebenfalls zu schätzen: Familienfeiern jeglicher Art, Empfänge oder Firmenjubiläen sowie Vereinsfeste werden hier gern wahrgenommen und natürlich professionell ausgerichtet.

Die Getränkekarte des Hauses lässt keine Wünsche übrig. Von Urlaubern speziell geschätzt sind die regional-typischen „Verteiler“ wie „Küstennebel“, „Friesengeist“, Kartoffelschnaps oder auch hochgeistige Produkte der Firma „Martin Levsen“ in Niebüll wie Aquavit, „Krabbenschluck“ oder „Nordfriesländer“. Darüber hinaus kann sich das deutsche und internationale Weinangebot sehen lassen.

WOLLFLUR

Gaby Brandt bietet mit ihrem „Wollflur“ ein auf den Nordfriesischen Inseln einmaliges Geschäft: Im Normalfall geht der Kunde in ein Textilgeschäft, um sich einen Pullover zu kaufen, und sucht sich dort einen aus, der seinen Geschmack und seine Bedürfnisse am ehesten trifft. Woher der Pullover stammt und wie er gefertigt wurde, weiß der Pulloverbesitzer damit aber längst noch nicht.

Im Toftumer „Wollflur“ jedoch ist das ganz anders möglich. Hier, in dem Ortsteil von Oldsum, haben viele Wollfäden gar ihren eigenen Namen – der stammt von dem jeweiligen Schaf, das die Wolle dafür hergab. So gibt es im Wollflur Unikate, die etwa „Clara“, „Gerti“ oder „Nora“ heißen und allesamt auf liebevolle Handarbeit zurückgehen.

Seit 1989 lädt die gelernte Schneidermeisterin in ihren kuscheligen Laden ein, der anfangs nur aus dem Flur des Backstein-

Wollflur

Gaby Brandt

Toftum 178
25938 Oldsum

Telefon 0 46 83/5 88
Telefax 0 46 83/96 36 86

hauses bestand. Als der aus allen Nähten platzte, nahm Gaby das einstige Kinderzimmer kurzerhand hinzu. Dadurch entstand mehr Platz für Pullover, Jacken, Schals, Handschuhe, Mützen oder Socken. Renner sind von Anfang an die flauschigen Lammfelle, von Babys gleichermaßen geschätzt wie von Zeitgenossen mit verspanntem Rücken.

Die Wollspezialistin hat Qualitätsware nicht nur aus Deutschland, sondern auch aus Irland und Bolivien im Angebot, aus Schur-, Merino- und Alpakawolle. Und selbstredend kann man im „Wollflur" auch Knäule zum Selberstricken erwerben – an Anregungen besteht ja kein Mangel.

Nicht nur die Kunden, auch die Schafe haben es gut beim Ehepaar Brandt. Je nach Witterung und Länge des Winters schwankt die Anzahl der Schafe in der kleinen Herde. Meist sind es um die zehn Tiere und ihre Lämmer, die auf den Wiesen tollen.

Am schönsten ist dies im Frühjahr zu beobachten, wenn die neugeborenen Lämmer auf wackligen Beinen vor dem schmucken Haus umherstaksen. Dabei fallen die Lütten immer wieder verwundert auf das geschnitzte, fellbespannte Holzschaf herein, das regungslos am Eingang steht und die Kunden willkommen heißt.

„Jedes der Schafe ist wie ein Familienmitglied", bekennt Gaby Brandt, „und wird liebevoll behandelt." Schwache Lämmer werden auch mal im eigenen Bett gewärmt und mit der Milchflasche aufgepäppelt. Dafür geht es den größeren Böcken schon eher an den Kragen: Sind sie erst mal der Kinderstube entwachsen, sind sie schwierig im Familienkreis zu halten. Dann kann man im „Wollflur" auch frisches Lammfleisch bestellen ...

Das Leben der Brandts wird mehr oder weniger von den Schafen bestimmt, obwohl diese eigentlich nur zufällig zum Mittelpunkt wurden: Vor zig Jahren bekam die Familie ein Lamm namens „Olympia" geschenkt. Das jedoch wollte nicht allein bei seiner menschlichen Familie leben. „Helena" hieß dann die Nummer zwei, die

fortan den Schafanteil um 100 Prozent erhöhte. Damit entstand dann allmählich auch die Basis für den „Wollflur".

Seither hat sich der Erfahrungsschatz von Gaby und ihrem Mann Klaus über Schafe enorm vergrößert. Sie helfen Schafen bei der Geburt, ziehen Lämmer auf und scheren die Wolltierchen. Das ist nicht gerade einfach, denn Schaf an sich wehrt sich zunächst reflexartig. Neben dem Scheren werden Woll- und Hufpflege fachgerecht gehandhabt, und gelegentlich schlüpfen die Halter sogar in die Rolle des Tierarztes.

Nach der Schur wird die Wolle sortiert und grob gereinigt, danach gründlich gekämmt – zum „Enttütern" von Knoten und Filz –, damit sie zum Spinnen gelangen kann. Zwei Spinnräder in der Wohnstube sorgen dafür, dass abends gemeinsam gesponnen wird. Danach wird die Wolle auf die Haspel gewickelt, bevor sie gewaschen wird – ganz vorsichtig per Hand in Seifenlauge. Ist die Wolle erst einmal trocken, ist sie endlich zum Verstricken geeignet – zu einem Schal von „Molly", einem Pullover von „Lisbeth" oder „Viola", etc.

PS: Wenn sich genügend Interessenten finden, gibt Gaby Brandt auch Spinnkurse. Innerhalb weniger Stunden kann der Wollfan dabei die entsprechenden Grundfertigkeiten erlernen. Willkommen im Wollflur!

UAL FERING WIARTSHÜS

Ual Fering Wiartshüs

Oldsum 141
25938 Oldsum

Telefon 0 46 83/4 65

Ruhetag: Dienstag

Es ist über 250 Jahre alt, das „Ual Fering Wiartshüs" in Oldsum, und es zählt zu den urigsten, gemütlichsten und authentischsten gastlichen Stätten auf Föhr. Dafür trägt vor allem der Eigentümer „Macke" Carlsen Sorge, der das Wirtshaus 30 Jahre selbst mit seiner Frau Kerrin betrieb. „Macke war und ist eine ganz wichtige kommunalpolitische Persönlichkeit", weiß der heutige Pächter Kei Skora über den Alt-Bürgermeister. Carlsen investiert auch heute noch kräftig in das „Wiartshüs", damit es den Insulanern und den Urlaubern noch lange erhalten bleibt. „Mit ihm haben wir absolut Glück gehabt", freut sich der aus Schleswig stammende Küchenmeister und Betriebswirt mit seiner Frau Ina.
Das „Wiartshüs" bildete schon immer den Mittelpunkt des Dorfes und des Gemeindelebens. Sämtliche Familienfeiern – von der Taufe bis zur Beerdigung – gehen unter dem stolzen Reetdach über die Bühne. Dass sich die örtlichen Vereine, die Feuerwehr, die Chöre, die Ringreiter und nicht zuletzt die Gemeindevertretung hier trifft, ist sogar Bestandteil des Pachtvertrages.
Rund zehn große Bälle bereichern das gesellschaftliche Leben in Oldsum. Dabei ist der Sängerabend am zweiten Sonnabend im Dezember laut Ina Skora der Höhepunkt. Traditionell und gepflegt geht es dann im Saal zu, „Fering" (das Friesisch der Insel) ist die dominierende Sprache. Neben der Gastgeberin legen auch viele andere Insulaner ihre stolze Tracht an. Und natürlich wird viel gesungen und getanzt.
Das gesamte Gasthaus präsentiert sich ausgesprochen inseltypisch. Vor allem ist das Friesenzimmer in seiner Einmaligkeit zu erwähnen: Kerrin Carlsen hat hier 999 historische Wandkacheln in bewundernswerter Handarbeit rekonstruiert und damit eine einmalige Atmosphäre geschaffen.
Auch die anderen Räume sind einladend, viele historische Fotos laden zum Stehenbleiben ein, und passionierte Nichtraucher

wissen, dass hier schon lange an sie gedacht wird. Die Terrassentische werden im Sommer auch hoch geschätzt.
Kei Skora hat während seines bisherigen Berufslebens die ganze Bandbreite guter gastronomischer Betriebe kennen gelernt; er arbeitete auf Sylt, in Hamburg, Baden-Baden sowie in der Schweiz. Seine Speisekarte bietet das, was sich ein Urlauber von einer Nordseeinsel verspricht – und mehr. Die Skoras haben beste Beziehungen zu Anglern und Jägern, so dass der gedeckte Tisch um einige Varianten reicher ist, je nach Fang und Saison: Der eher seltene Hornhecht oder auch die Meeräsche gehören im „Wiartshüs" relativ oft zum Angebot. Und da es auf Föhr reichlich Wild gibt, zählen Hase und Reh ebenfalls zu den Delikatessen in Oldsum. Und der original Grünkohl, nach Inselart mit einer hellen Zwiebel-Sahne-Sauce serviert, ist ebenfalls eine Spezialität des Hauses.

Hornhecht auf geschmorten Gurken mit Dillsauce

Kleines Vorwort
Hornhecht ist ein Fisch für echte Fischkenner, da er sich durch seine sehr kleinen, giftgrünen Gräten schwer essen lässt. Wer sich aber die Mühe macht, die Gräten zu entfernen, wird mit einer der schmackhaftesten Spezialitäten belohnt, die unsere Meere bieten.

Zutaten
(für 2 Personen)

800 g Hornhecht (3–4 Stück), küchenfertig
400 g geschälte, entkernte Schmorgurke (alternativ auch Salatgurke)
Butter
50 g Zwiebelwürfel
200 ml Schmand
Dill

Zubereitung

Die ausgenommenen, gewaschenen Hornhechte in fingerlange Stücke schneiden, mit Zitronensaft und Salz würzen und kurz stehen lassen. Verwenden Sie auch die Kopfstücke, sie sind interessant und auf dem Teller als Dekoration gut verwendbar.
In der Zwischenzeit die vorbereiteten Gurken und Zwiebelwürfel in etwas Butter glasig andünsten, mit dem Schmand auffüllen und auf sehr kleiner Flamme weiter köcheln lassen.
Den Hornhecht leicht mehlieren und in einer nicht zu heißen Pfanne goldgelb braten.
Dass der Fisch gar ist, erkennen Sie daran, dass sich das Fleisch an der Mittelgräte leicht lösen lässt.
Den klein geschnittenen Dill unter die Gurken heben und auf einem großen Teller zusammen mit dem Hornhecht anrichten.
Guten Appetit!

STELLY'S HÜÜS

Café & Töpferstube
Stelly's Hüüs

Familie König

Oldsum 38
25938 Oldsum

Telefon 0 46 83/3 06
Telefax 0 46 83/2 13

Zu den absoluten Sternstunden eines Föhraufenthalts gehört ein Besuch im „Stelly's Hüüs". Zahlreiche Stammgäste sind sich da mit diversen gedruckten Reiseführern einig, denn das romantische Refugium mit seinem lauschigen Blumengarten, in dem die Zeit mitunter wie angehalten scheint, bietet ein Feuerwerk für die Sinne – Erlebnisgastronomie der besonderen Art.
Das Oldsumer Café befindet sich unter dem Dach eines ausgesprochen romantischen, 1835 erbauten Friesenhauses an einer für die alten Inseldörfer typischen, schmalen Straße. Hier vereinen sich gepflegte Gastlichkeit bei Kaffee, Tee und selbstgebackenen, unschlagbar leckeren Kuchenvariationen mit Kunsthandwerk und nicht alltäglichen Einkaufsmöglichkeiten für Mitbringsel von bleibendem Wert.
Gastgeberin Annetta König ist gelernte Kunsttöpferin. Ihre liebevoll hergestellten Objekte – was liegt näher – stehen im „Stelly's Hüüs" zum Verkauf: Vasen, Becher, Tee-Service, Stövchen, Backformen, Vogeltränken und vieles mehr. Die Töpferwaren sorgen zusammen mit dem alten Gebälk und den vielen „Eyecatchern" für die ganz besondere Atmosphäre unter Reet – die man übrigens ganzjährig genießen kann.
In früheren Jahren empfing Annettas Vater Rolf Stelly die Besucher in seinem originellen Museum unter demselben Dach. Nach

seiner Pensionierung war der Föhrliebhaber mit seiner Familie von Hamburg auf die Insel gezogen; fortan schuf er hier eine schöne Ausstellungsplattform für seine eindrucksvollen wie originellen Sammlerstücke aus aller Welt. Und der oft „Herr Museumsdirektor“ oder „alter Kapitän“ genannte Pensionär war außerordentlich beliebt bei seinen Zeitgenossen – ein echtes Original eben.

Inzwischen schaut sich Rolf Stelly aus dem Himmel an, wie sich das alte Reetdachhaus weiterentwickelt hat. Das frühere Museum ist jetzt ebenfalls für Café-Gäste ausgebaut. Die Chefin kam um diese Entscheidung nicht herum, da der Kundenandrang für die kleine Scheune einfach zu groß wurde. Deshalb fügte sie die hellen, geschmackvoll eingerichteten Räume hinzu – eine richtige Entscheidung, wie sich längst erwiesen hat. Und von den Ausstellungsstücken des einstigen Museums gibt es immer noch reichlich zu bewundern...

Die nach alten Hausrezepten gebackenen Torten und Kuchen, etwa der Mohnkuchen oder die Heidelbeersahnetorte, sind ein Gedicht. Auch frische Waffeln, Milchreis mit Roter Grütze sowie Bratapfel mit Sahne, Vanilleeis, Zimt und Eierlikör sind süße kulinarische Renner – vor allem in der kälteren Jahreszeit, wenn man es sich im „Stelly’s Hüüs“ so richtig urgemütlich machen kann.

Mohnkuchen

Zutaten

150 g Zucker
150 g Margarine
6 Eier, getrennt
100 g Mehl
1 Päckchen Backpulver
1 El Rum
200 g Mandeln, gehobelt
100 g Mohn, gemahlen

Zubereitung

Margarine mit dem Zucker verrühren, Eigelb, gemahlenen Mohn, Mehl mit Backpulver, Rum und Mandeln nacheinander einrühren. Eiweiß steif schlagen und unterheben. In eine gefettete Kastenform geben und für eine Stunde bei 160 °C backen.

Restaurant Ual Pesel

Ual Pesel

Lung Jaat 13
25938 Utersum

Telefon 0 46 83/9 63 61 88
Telefax 0 46 83/9 63 61 89

Das alte Friesendorf Utersum kann mit sehr schönen inseltypischen Backsteinhäusern aufwarten. Zu diesen gehört das ehrwürdige Gebäude im Lung Jaat 13, in dem sich die Schank- und Speisewirtschaft „Ual Pesel" (Friesisch für „Alte gute Stube") befindet.
Dieses gastliche Haus wurde 1722 von Ketel Früdden erbaut. Im Jahre 1845 bezog es der Dachdecker Simon Riewert Bohn. Dieser, das muss einfach erwähnt werden, war ein Mensch ganz besonderer Prägung. Wie aus alten Chroniken hervorgeht, hatte sein Pesel einen Lehmfußboden, in welchen er eine Vertiefung einbaute. Warum? Damit seine geliebten Enten auch im eisigen Winter eine Badestelle hatten.
1970 erwarb Familie Kopp dieses Friesenhaus, in dem dann 1989 erstmals eine Gaststätte eröffnet wurde. Anfang 2006 übernahmen Martina Henke und Dirk Ohle die Räumlichkeiten und eröffneten nach einer dreimonatigen Umbauphase die Schank- und Speisewirtschaft „Ual Pesel" neu.
Seither präsentiert sich die gastliche Stätte urgemütlich und geschmackvoll eingerichtet; sie lädt bei jedem Wetter zum Verweilen ein. Im Sommer ist es in den Gasträumen dank der Klimaeigenschaften des Reetdachs nicht zu warm, und in den kühleren Monaten lädt der alte Hof geradezu zum gemütlich-kuscheligen Punschtrinken und Speisen ein.
Die Inhaberin kümmert sich „an der Front" um das Wohl der Gäste, wobei ihr und ihrem kochenden Kompagnon während der Saison bis zu vier Aushilfen zur Seite stehen. Die Gastgeber stammen beide aus Niedersachsen: Martina Henke kam 2001 aus Hameln auf die Insel und fand ihr Glück in der Gastronomie. Dirk Ohle stammt aus Hannover. Nach seiner Ausbildung zum Koch durchlief er mehrere Stationen: Während seiner vierjährigen Bundeswehrzeit diente er als Chefkoch eines Unteroffizierheimes, war für ein Jahr Küchenchef in der Bremer „Bar Paris" und fand – ebenfalls auf Föhr – seine berufliche Erfüllung.

Die Speisekarte im „Ual Pesel" ist sehr umfangreich und bietet kulinarisch für jeden Geschmack etwas: Fischliebhaber werden ebenso fündig wie Fleischfans. Pasta, Vegetarisches, eine extra Schnitzelkarte und Angebote zum Mittagstisch ergänzen die Palette.
Exklusive Spezialitäten von Dirk Ohle sind: gebratene Lammkeulensteaks, ein wunderbar zartes Lachscarpaccio, das schmackhafte Dillpesto und das ebenfalls hausgemachte Matjestatar, das auf der Zunge zergeht. Außergewöhnlicher Clou ist das gebackene „Eiskonfekt à la Ual Pesel" – eine feine, süße Verführung der ganz besonderen Art.

Gebratene Schollenfilets auf Spinatgemüse mit Krabbensauce

Für den Fisch:

2 Schollenfilets salzen, mit Zitronensaft beträufeln, mehlieren und in Butter goldgelb braten.

Für das Spinatgemüse:

Frischen Spinat putzen, blanchieren, mit Zwiebelwürfeln und etwas Knoblauch in Butter anschwitzen und mit Sahne ablöschen. Mit Salz, Pfeffer, Muskatnuss würzen und die Sahne sämig einkochen lassen.

Für die Sauce:

Zwiebelwürfel in Butter glasig werden lassen, mit Weißwein ablöschen und mit Fischfond auffüllen; mit flüssiger Sahne verfeinern. Mit Salz, Pfeffer und einem Spritzer Zitrone abschmecken und kurz vor dem Servieren Nordseekrabbenfleisch unterrühren.

UAL SKINNE

Café-Restaurant
Ual Skinne

Boowen Taarep 11
25938 Utersum

Telefon 0 46 83/13 98

„Ob nach dem Strandbesuch, einer Radtour oder einem ausgedehnten Spaziergang, im Café „Ual Skinne“ finden Sie bei einer Tasse Kaffee oder Tee Ruhe und Entspannung. Lassen Sie sich mit traumhaften, selbstgebackenen Kuchen, Waffeln und unseren Riesenwindbeuteln verwöhnen. Neigt sich der Tag dem Ende zu, wandelt das Café „Ual Skinne“ sein Ambiente und wird zum urgemütlichen friesischen Restaurant mit dem besonderen Pfiff. Genießen Sie die einfache, aber schmackhafte und abwechslungsreiche mediterrane Küche: Unsere Karte mit ausgesuchten Weinen, Aperitifs, Whiskys und mehr bietet alles für einen schönen Ausklang des Tages.“

So anregend für die Sinne wirbt das „Ual-Skinne“-Team in einem Prospekt für die originelle und vielseitige Adresse in Utersum.
Am 1. April 1995 eröffneten Ingken und Cornelius Arfsten ihre „Alte Scheune“, wie der friesische Name auf Deutsch heißt. Der dazugehörige Hof ist ein alter Familienbesitz in einem noch weitgehend ursprünglich gebliebenen Dorf.
Seit die gepflegte Adresse ihre Tore öffnete, gehört die Scheune zu einem der beliebtesten Ausflugslokale der Insel – nicht nur für Feriengäste, sondern auch für viele Einheimische – besonders in den ruhigeren Zeiten.

Nicht weiter als 300 m vom Strand entfernt, bietet es sich zu jeder Jahreszeit nach einem Spaziergang am Strand von Utersum förmlich an, hier einen der selbstgebackenen Kuchen mit einer Tasse aromatischem Kaffee, Pharisäer oder exquisitem Tee zu genießen. Entweder draußen auf der Terrasse, wo 60 Plätze zum Verweilen einladen, oder bei bedecktem Wetter drinnen auf einem der 55 antiquarischen Stühle.
Der Strand liegt quasi vor der Haustür der „Ual Skinne" und ist auf der ganzen Insel bekannt durch seine Weite und den weißen Sand.
Seit September 2006 wird in der „Ual Skinne" auch ausgebildet, so dass jeden Tag eine siebenköpfige Mannschaft, inklusive Koch-Lehrling, eine siebenköpfige Mannschaft durch die Räume wuselt. Der französische Chef-Koch Luc Maréchal hat einen bemerkenswerten Werdegang hinter sich: Ursprünglich lernte er Krankenpfleger. Später avancierte Luc zum Automobil-Fachmann, Multimedia-Techniker und Kommunalpolitiker.
Von 2002 bis Januar 2006 war Maréchal Inhaber des „Pomme", einem zu jener Zeit sehr beliebten Restaurant in Wyk. Seither verwöhnt der kreative Gallier mit seiner Friesin Ingken die Gäste in der „Ual Skinne" mit seinen raffinierten Kompositionen. Sein französischer Ursprung ist unverkennbar und hat ihm eine wachsende kulinarische Fan-Gemeinde eingebracht.

Meerforelle von Maître Luc à l'unilatérale...

Zutaten
(Für 6 Personen)

Für den Fond:
Fischgräten, Zwiebeln, Thymian
½ l Wasser
Weitere Zutaten:
6 Meerforellen-Filets mit Haut
2 Karotten, 2 Schalotten
1 Fenchelzweig
1 Stange Lauch (weiß und grün)
1 EL Olivenöl
1 Petersilienzweig, 1 Koriandergrün
geklärte Butter
6 bis 12 Kartoffeln
Crème Double

Zubereitung

Forellenfilets nicht enthäuten, für je eine Person portionieren.
Fond: In einem Topf die Gräten mit gehackten Zwiebeln in etwas Butter andünsten. Wenn diese leicht gebräunt sind, einen Zweig Thymian und Wasser dazugeben, bei offenem Deckel ca. 20 Minuten köcheln lassen. Sieben und reduzieren.
Julienne: Karotten, Schalotten, Fenchel und Lauch in Olivenöl anbraten, mit Petersilie bei geschlossenem Deckel ca. 5 Minuten dünsten. Deckel abnehmen und fertig garen, bis die Flüssigkeit verdampft ist. Koriandergrün untermischen.
Geklärte Butter in eine Pfanne geben, die Filets mit der Haut nach unten bei starker Hitze ein paar Minuten anbraten, bis sie bis zur halben Höhe gegart sind. Die Filets herausnehmen und auf einen ofenfesten Teller legen. Mit grobem Salz und grobem Pfeffer bestreuen. Mit einer kleinen Schicht Gemüse-Julienne bedecken und ziehen lassen, damit das Aroma der Kräuter in den Fisch einzieht, dann im Ofen bei kleiner Hitze (70–90 °C) ca. 20 Minuten garen.
Crème double mit dem Schneebesen in den Fond einarbeiten. Die Filets mit dieser Sauce überziehen.
Dazu passen Reis oder Kartoffeln, kurz in geklärter Butter gebräunt.

HELGOLAND

Irgendwo ins grüne Meer
Hat ein Gott mit leichtem Pinsel
Lächelnd, wie von ungefähr,
Einen Fleck getupft: Die Insel.

James Krüss, der dieses Gedicht verfasste, wäre 2006 achtzig Jahre alt geworden. Neben Erich Kästner, Boy Lornsen und Michael Ende gilt der verstorbene Sohn Helgolands als einer der größten deutschsprachigen Kinderbuchautoren. Ein weiteres Beispiel aus seiner Feder:

Mein Lebens-ABC
Auf der Insel Helgoland
Bei viel Wasser, Wind und Sand
Centimeterkurz (kein Held)
Drang ich ein ins Licht der Welt
Erste Verse reimte ich
Früh schon friesisch – meist für mich
Gern fuhr ich auch kreuz und quer,
Hummer fangend mit aufs Meer,
Insulaner war ich hier,
Jedenfalls mit viel Pläsier,
Kam jedoch aufs Festland dann,

Lernte fleißig Lehrersmann,
Musste aber mit Gewehr,
Noch ein Jahr ins Kriegesheer,
ohne Pass – der Krieg war aus –
Pilgerte ich dann nach Haus,
Querte Deutschland wochenlang,
Radelnd auch und mit Gesang.
Später, statt als Lehrersmann,
Trat ich dann als Dichter an.
Und was ich so schreib, gefällt
Vielen Kindern auf der Welt.
Wie erfreulich und wie nett!
X,
Ypsilon,
Zett.

James Krüss bezeichnete Helgoland einmal als „dreieckiges Tortenstück mit roten und weißen Schichten, das in der grünen Nordsee liegt.“ In der Tat präsentiert sich die Insel, mit etwas Fantasie betrachtet, genau so, wenn man sich ihr per Ausflugsdampfer nähert. Immer ein bisschen anders, je nach Licht und Wolkenbildung.
Etwa 70 Kilometer vom Festland entfernt hebt sich der Rote Felsen aus der Nordsee. Auf ihm gibt es eine einmalige Flora und Fauna zu erkunden, die ihre Existenz dem milden, vom Golfstrom beeinflussten Hochseeklima verdankt.
Besonders ist das An-Land-Gehen, denn die weiße Flotte kann wegen des Tiefgangs nicht ins Hafenbecken fahren, so dass jeder einzelne Passagier mittels der so genannten „Börte-Boote“ an Land gebracht werden muss. Keine Angst: Die Männer in den massiven Booten verstehen ihren Job und niemand kommt bei diesen zupackenden Spezialisten zu Schaden. Ein unvergessliches Erlebnis ist diese Art des maritimen Transports allemal.
Trotz des quirligen Straßentreibens zwischen 11 und 16 Uhr, wenn die Ausflugsdampfer ihre Tagesbesucher „ausgespuckt“ haben und auf Reede warten: Die Insel ist auch eine Oase der Ruhe, vor allem auf dem Oberland und abseits des durchaus auch prickelnden Shopping-Geschehens.
Wer extra zum Einkaufen auf die nur einen Quadratkilometer große Insel kommt, hat guten Grund dafür: Die Insel ist steuerfrei, was sich vor allem beim Kauf von Duftwässern, Spirituosen, Luxusartikeln, Kameras und Elektronik sowie Rauchwaren bemerkbar macht. Aber Vorsicht: Der Zoll achtet darauf, dass alles mit rechten Dingen zugeht.

Wer weniger von Konsum und mehr von der Natur hält, der kann die benachbarte Badedüne mit ihrem herrlichen Strand besuchen. Dort befindet sich auch der Insel-Flughafen mit regelmäßigen „Verbindungen in die weite Welt".
Vielfältige Aktivitäten hat die Insel Tagesbesuchern wie Urlaubern zu bieten. Eine kleine Rundfahrt mit der „Inselbahn" kann dabei helfen, sich einen Überblick zu verschaffen. Die Biologische Anstalt Helgoland lädt zum Besuch ihres wissenschaftlichen Schauaquariums ein – 19 liebevoll gestaltete Becken zeigen in der Nordsee lebende Tiere und Pflanzen. Natürlich auch den einst vor der Insel beinah ausgestorbenen Hummer sowie den „Knieper" genannten Taschenkrebs. Letzterer ist gleichzeitig eine kulinarische Delikatesse und gehört in den besseren Speiselokalen zum Standard. Aber keine Bange, der Fang erfolgt kontrolliert und schadet deshalb den Populationen nicht.
Wer seine Ruhe haben will, der postiert sich im Oberland mit Blick auf die Felsen und die „Lange Anna" und beobachtet die fantastische Vogelwelt der einmaligen Insel. Das Museum ist ein weiterer Anziehungspunkt, genauso wie die denkmalgeschützten Hummerbuden am Hafen. Diese bunten Häuser wurden unter dem Motto „Kunst, Kultur und Knieper" zu einer Flaniermeile umgewandelt. Zahlreiche Restaurants und Cafés laden überall zum Verweilen ein. Gepflegte Hotels und Pensionen freuen sich auf Dauerurlauber.

FISCHBRÖTCHEN
DE SMUTTERBUUD
DE TIINERBUUD
SEEADLER

HELGOLÄNDER FÄHRHAUS

„In Helgoland, da steht ein Haus, der Wirt, der ist gar helle. Er schenkt den besten Grog wohl aus und nennt ihn eine ‚Welle'! Dieweil nun eine Well' allein, im Meer sich würd' genieren, fällt's auch im Fährhaus niemand ein, den Grog nur zu probieren. Welle hier auf Welle rinnt von Arrak, Rotwein, Zucker. Dass auch ein Teilchen Wasser drin, verlanget nur der Mucker! Sie bannt der Sorgen schwere Last, erfrischt die müden Glieder! Ich rate jedem Sommergast: Ins Fährhaus kehre wieder!" Derart begeistert dichtete ein gewisser „v. L." zu Kaisers Zeiten über den damaligen Renner im „Helgoländer Fährhaus", die „Welle". Dieses Urgetränk gibt es noch immer, genauso wie das Fährhaus, das nach den Kriegswirren 1952 an gleicher Stelle errichtet wurde.

Seit Generationen gehörte die auf das 18. Jahrhundert zurückgehende „Original Fischer-Kneipe und Grogstube" der Familie Haas. Jedoch geht es heutzutage in diesem freundlichen Vorzeige-Restaurant der Insel ganz anders zu, als noch vor zig Generationen:

Ralf Heiland und Küchenchef Jörg Rätsch kombinieren eine gehobene mediterrane Küche mit einem modernen, einladend

Restaurant
Helgoländer Fährhaus

Friesenstraße 58
27498 Helgoland

Telefon 0 47 25/80 06 33
Telefax 0 47 25/64 08 22

hellen Ambiente. Das Restaurant ist geschmackvoll eingerichtet: Warme Farbtöne, ausgesuchte Bilder, frische Blumenarrangements und pfiffige Dekorationen prägen den Stil des „Fährhauses". Abends erstrahlt das Restaurant in festlichem Kerzenglanz.
Auch die beheizbare Terrasse lädt zum Verweilen ein (es gibt sogar hübsche Decken, wenn es kühl von unten wird). Plastikstühle sind hier Fehlanzeige, weshalb die Gäste wohl auch bis spät in den Abend hinein die gesunde Inselluft genießen.
Im „Fährhaus" gibt es stets spezielle kulinarische Angebote, die sich vor allem an der Jahreszeit orientieren. Dass Rätsch und seine Mitarbeiter nur frische Produkte einsetzen, versteht sich von selbst. Wussten Sie, dass es Helgoländer Galloways oder Lämmer gibt? Die Menükarte bietet diese Fleisch-Leckerbissen unter anderem an. Auch zu den einheimischen Fischern hat das „Fährhaus"-Team einen guten Draht, so dass es an lokalen Spezialitäten nicht mangelt. Dazu gehören neben Dorsch und Makrele die exquisiten Helgoländer Hummer genauso wie die Knieper – riesige Taschenkrebse, deren Scheren eine Delikatesse sind. Letztere gibt es mit verschiedenen Dips und Baguette zu einem fairen Preis, und man kann davon essen, so viel man mag...
Empfehlenswert ist auch der „Fährhausteller" mit einer Kombination von Lachs, Riesengarnelen und Nordseekrabben. Und wer sich gern gegrillte Dorade munden lässt, ist in der Friesenstraße 58 goldrichtig. Exklusiv auf der Insel gibt es hier die gesamte Kollektion edler Brände von Ziegler. Und wer es den Altvorderen gleichtun möchte, kriegt selbstverständlich auch eine „Welle". Na dann: Zum Wohl!

Helgoländer Angeldorsch auf Tomaten-Lauchgemüse

Zutaten

8 Angeldorschfilets à ca. 100 g
3 Stangen Lauch
4 getrocknete Tomaten
200 ml Sahne
20 g Butter
Öl zum Braten

Zubereitung

Getrocknete Tomaten überbrühen und einweichen lassen. Lauch putzen, gründlich waschen und in Streifen schneiden. Lauch in wenig Wasser dünsten, Sahne zugeben und einreduzieren. Mit Salz, Pfeffer, einer Prise Zucker und Muskat würzen. Falls nötig, Gemüse mit etwas Soßenbinder bestreuen und Flüssigkeit binden.
Filets trockentupfen, mit Salz, Pfeffer und Zitrone würzen. Öl in der Pfanne erhitzen, Filets von beiden Seiten ca. 3 Minuten braten, zum Schluss Butter in den Bratfond geben.
Tomaten in Streifen schneiden und zum Lauchgemüse geben.
Gemüse auf angewärmte Teller geben und die Filets darauf anrichten. Dazu passen kleine Petersilienkartoffeln.

BISTRO AM SIEMENSPLATZ

Bistro am Siemensplatz

Anke Bruns

Siemensterrasse 173
27948 Helgoland

Telefon 0 47 25/64 08 61
Telefax 0 47 25/81 11 22

Auf Helgoland gibt es nicht wirklich viele Plätze. Der Siemensplatz im Zentrum des Unterlandes ist zweifelsohne der bekannteste und der meistbesuchte. Hier an diesem belebten Ort ein Bistro zu eröffnen, war eine blendende Idee von Anke Bruns. Im Frühjahr 2003 setzte sie sie in die Tat um und konnte daher die Tore zu ihrem „Bistro am Siemensplatz" pünktlich zum Saisonauftakt am 1. April desselben Jahres öffnen. „Unsere Chefin ist immer darauf bedacht, dass sich unsere Gäste jederzeit wohl fühlen", attestieren die aufmerksamen Angestellten der liebenswürdigen Gastgeberin. Und die hat wirklich stets einen guten, fröhlichen Schnack auf den Lippen.
Das zeichnet sie gegenüber manch anderen Gastronomen aus. Und deshalb ist ihr Bistro auch bei den Insulanern ganzjährig sehr beliebt.
Nicht von ungefähr wird bei Anke Bruns so manches Fest privater oder geschäftlicher Natur gefeiert. Das Bistro bietet sich für Gesellschaften bis 30 Personen förmlich an. Häufig bereiten Küchenmeister Detlef Petzold und seine Crew dann kalt-warme Büffets oder auch Canapés zur großen Zufriedenheit der Einladenden und ihrer Gäste vor.
Petzold stammt aus dem Schwabenland. Und diese schwäbischen Einflüsse spürt man gelegentlich bei dem einen oder anderen Tagesgericht. Auch Sonderwünsche werden vom Küchenchef gern erfüllt – vielleicht sollten Sie sich nächstes Mal eine spezielle Leckerei aus der kulinarischen Heimat des Kochs wünschen.
Ansonsten ist die Speisekarte des Bistros bewusst überschaubar: Neben dem täglich wechselnden Tagesangebot hält die Küche leckere Fleisch- und Fischgerichte bereit, ebenso Kartoffel- und Pasta-Kreationen. Wer sich die Speisen und À-la-Carte-Menüs lieber in den eigenen vier Wänden, zum Beispiel anlässlich einer Festivität, schmecken lassen möchte – kein Problem: Das Bistro bietet auch einen Catering-Komplettservice an – vom Apéritif bis zur Zuckerschote.
Der beliebte Treff am Siemensplatz präsentiert sich seit seiner Eröffnung als gemütliche Adresse: „Unser Ambiente ist geradezu

häuslich-familiär, egal ob zum Frühstück, zum Mittagessen, bei Kaffee und Kuchen, bei einem unserer lohnenswerten Eisbecher oder bei einem Glas Bier oder Wein", umschreibt die Chefin den Grund für die Magnetkraft ihrer gastlichen Stätte.
Ein umsichtiger Service und Freundlichkeit werden bei Anke Bruns von je her groß geschrieben.
Ganzjährig überzeugt im Bistro übrigens das große, exzellent sortierte Kuchenbüfett. Während der Saison, also von April bis Oktober, ergänzt ein reichhaltiges Eisangebot das Sortiment – und erschwert manchem Gast die Qual der Wahl.
Das „Bistro am Siemensplatz" ist in der Saison sieben Tage die Woche von 7 bis 18 Uhr geöffnet. Zwischen November und März gönnt sich die Bruns-Mannschaft den Sonntag zum Ausspannen als Ruhetag.

SCHOKOLADEN MANUFAKTUR HELGOLAND

Schokoladen Manufaktur Helgoland

Siemensterrasse 146
27498 Helgoland

Telefon 0 47 25/64 08 56

Wer kann von sich schon gelassen lächelnd behaupten, seine Leidenschaft auch tatsächlich zum Beruf gemacht zu haben? Bei Anja Wüppermann, die seit dem Jahr 2001 „aus Überzeugung" auf Helgoland lebt, ist das jedoch voll und ganz der Fall: Seit Juni 2006 lockt an der Siemensterrasse 146 ihr „SchokoLaden".

Locken im wahrsten Sinne des Wortes, denn an manchen Tagen, wenn die Produktion der kleinen, süßen Verführungen läuft, duftet die feine Schokolade unwiderstehlich durch die Fußgängerzone des Unterlandes. Betritt man den hellen, freundlich gestalteten „SchokoLaden", wird man glücklicherweise nicht von der Masse des Angebots „erschlagen", sondern vielmehr von der Klasse der Artikel positiv überrascht. Kein Wunder, dass sich viele Kunden – egal ob Tagesbesucher, Urlauber oder Insulaner – ausgiebig Zeit nehmen und Schokolade, Pralinen, Ausgefallenes & Co. erst mal ganz in Ruhe auf sich wirken lassen.

Ob edle Schokoladensorten vom Feinsten oder eine Kleinigkeit für die, die nicht mit auf die Insel schippern konnten, bei Anja Wüppermann und ihrem Mann wird man in jedem Fall fündig – etwas Besonderes ist für (fast) jeden dabei.

Und Newcomer werden in jedem Fall überrascht sein, wie groß die geschmackliche und optische Vielfalt der Schokoladen-Spezialitäten ist. Aus der süßen Masse kann man nämlich allerhand zaubern – haben Sie

beispielsweise schon mal Chili-Schokolade probiert?
„Das Besondere bei mir sind die handgefertigten Pralinen, Tafeln und Schokoladen-Figuren, die exklusiv für mich hier auf der Insel hergestellt werden", erläutert die sympathische „SchokoLaden"-Besitzerin. Die Pralinen werden nach einem ausgetüftelten Rezept gefüllt, das erst durch langjähriges Ausprobieren und viel Geduld gewachsen ist.
Das Sortiment im „SchokoLaden" umfasst neben den exklusiven, handgefertigten Artikeln auch die Edelsorten Domori, Dolfin, M. Cluizel, Galler, Zotter, Becks cocoa-Trinkschokolade, original schottisches Shortbread und – man kommt aus dem Staunen nicht heraus – auch australische Cookies.
Und wer gern zum ersten Mal in seinem Leben die immerhin dreizehn Geschmacksrichtungen der Trinkschokolade ausprobieren möchte, dem wird hier weitergeholfen: An einem Stehtisch kann man in aller Ruhe seinen Lieblingsgeschmack herausfinden.
Abgerundet wird die leckere Produktpalette durch hochwertige Vallendar-Edelbrände und -Liköre sowie ausgesuchte Weine aus vielen Ländern der Welt.
Ein Besuch in Anja Wüppermanns „Reich der Schokolade", das ist mehr als gewiss, wird die meisten Kunden faszinieren und sie dabei immer tiefer in die verführerische Welt der Schokolade eintauchen lassen.

RESTAURANT „GALERIE“

Eine ausgesprochene Perle in der gastronomischen Landschaft der Felseninsel Helgoland ist das „Restaurant Galerie“ von Gérard Buron. Die exquisite Küche mit regionalen Elementen des weit gereisten Franzosen hat bis heute unzählige Gäste überzeugt – doch dazu etwas später.
Das Ambiente des Lokals, direkt am Südstrand der Insel gelegen, beflügelt die künstlerisch-kulturellen Sinne aller, die sich hier von der kreativen Kochweise des Patrons verwöhnen lassen. Die Wände zieren ausgesuchte Bilder, von denen man sich auf vielfältige Weise inspirieren lassen kann, ebenso wie von den formschönen Skulpturen. Sie ergeben eine ideale Kombination mit den lukullischen Spezialitäten des Hauses, den dazu passenden Weinen und dem Blick auf die weite Nordsee sowie den Hafen.
Seit 1960 gibt es an dieser Stelle das „Hotel Insulaner“ – seit 1997 das „Restaurant Galerie“, den gut besuchten Familienbetrieb von Fabienne und Gérard Buron. Der Maître ist ein weit gereister Mann in seinem Metier – hier seien kurz einige seiner beeindruckenden gastronomischen Stationen genannt: „The Berkeley Hotel“ – London, „Hotel Eibsee Grainau“ - Deutschland, „The Pines Resort Hotel“ – Kanada, „Kairo Concorde Hotel“ – Ägypten oder auch das „Restaurant Maxim's“ – Chicago.
Von diesen internationalen Spitzenrestaurants brachte der Franzose ein unschätzbares professionelles Erfahrungskapital mit nach Helgoland. Gekoppelt mit seinem persönlichen Sinn für das Komponieren in seiner Küche sorgt diese Kombination jeden Tag für neue überzeugte kulinarische Fans. Die Galerie bietet also in jedem Fall eine originelle französische Küche mit À-la-Carte-

Restaurant „Galerie“

Gérard Buron

Am Südstrand 2
27498 Helgoland

Telefon 0 47 25/64 06 58
Telefax 0 47 25/64 06 59

Menüs. „Dazu gehören natürlich unbedingt auch Helgoländer Spezialitäten wie Hummer, Knieper und Nordseefische", ergänzt Gérard Buron. Wenn Sie einmal einen Helgolandaufenthalt planen: Nehmen Sie dann beim Ehepaar Buron Platz und lassen sich von einer ihrer Spezialitäten, der „Helgoländer Bouillabaisse im Luftballon" überraschen. Ein Gedicht!
Die Menükarte hält jede Woche neue Empfehlungen bereit, darunter beispielsweise auch Algen, saisonale Leckerbissen, Foie Gras und vieles mehr. Der Chef erfüllt ebenfalls gern individuelle Wünsche der Gäste, etwa, wenn jemand Austern auf besondere Art zubereitet wünscht oder ein außergewöhnliches Dessert verlangt. Selbstredend gibt es im „Restaurant Galerie" einen wohldurchdachten Weinkeller, vor allem mit französischen Weinen, die entsprechend zum gewählten Menü empfohlen werden. Die Auswahl an Apéritifs ist groß, noch beeindruckender ist jedoch die der Digestifs – eine Cognac-Kollektion zählt dazu, begehrter Armagnac 1945 und 1965 sowie Eau de Vie vom Feinsten.
„Bon appétit et à votre santé" würden Fabienne und Gérard Buron jetzt sagen…

Gegrillter Hummer mit Hummersauce

Zutaten

1 Hummer
2 cl Cognac
1 cl Olivenöl
1 Schalotte
20 cl Schlagsahne
5 cl Weißwein
Butter
Salz, Pfeffer

Zubereitung

Zum Abtöten den Hummer eine Minute lang in kochendes Wasser legen. Den Hummer längs in zwei Hälften teilen, das Mark herausnehmen, säubern und die Innereien herausnehmen. Die Corail muss vom Kopf entfernt und aufbewahrt werden. Den Hummer mit der Fleischseite auf den Grill legen und 1 Minute rösten, dann auf einem Blech mit dem Cognac flambieren, mit Salz und Pfeffer würzen und mit Olivenöl beträufeln. Dann im vorgeheizten Backofen bei 220 °C 6 Minuten lang backen.
Für die Sauce die Corail mit 10 g gehackten Schalotten, dem Weißwein und der Schlagsahne 5 Minuten auf kleiner Flamme kochen, mit dem Pürierstab pürieren, danach passieren und mit Salz, Pfeffer und 10 g Butter abschmecken.
Mit einem Stück Zitrone servieren.
Ideal passend dazu: Basmatireis und Brokkoli.

BUNTE KUH

Bunte Kuh
– essen & trinken –

Hafenstraße 1013–1018
27498 Helgoland

Telefon 0 47 25/81 13 43
Telefax 0 47 25/81 13 44

Seit dreißig Jahren ist Sonja Harbecke wegen ihres netten Wesens und ihrer in die Welt passenden Herzlichkeit in der Helgoländer Gastronomie ein Begriff. Zunächst verwöhnte sie ihre zahlreichen Stammgäste im Restaurant „Störtebeker". Nach 13 Jahren wechselte sie in die „Bistro-Bar Knieper". 1998 sorgte Sonja – wie die meisten ihrer Gäste sie ganz unkompliziert nennen – für ein absolutes Highlight an der Hafenstraße: Sie und ihr Mann Henning eröffneten dort die „Bunte Kuh", und die wurde binnen kürzester Zeit so bekannt wie die „Haifischbar" in Hamburg.

Die „Bunte Kuh" liegt an der typisch helgoländischen Hafenstraße mit den vielen farbigen Hummerbuden. Von hier aus haben Sie einen schönen, unverwechselbaren Blick auf die Nordsee. Schon aus einiger Entfernung, egal aus welcher Richtung man sich nähert, kann man einladende, durch die Luft schwingende Musik hören. Keine Frage, Kerstin und ihre Mutter lieben gemeinsam mit ihren ungezählten Gästen die Welt der Schlager. Da wird dann auch schon einmal gerne mitgesungen.

Die Einrichtung der „Bunten Kuh" ist unverkennbar maritim gehalten. Diverse große Bilder zeigen das gleichnamige Schiff, das einst im Auftrag der Hanse den legendären Piraten Klaus Störtebeker auf der Nordsee jagte und besiegte. Wunderschön ist die Aussicht von der gemütlichen Galerie im ersten Stockwerk. Und auf der großen Sonnenterrasse haben die Gäste ebenfalls einen herrlichen Panoramablick auf Reede und Hafen. Hier hat seinerzeit Störtebeker geankert und Schutz vor seinen Häschern gesucht.

Heute trudeln hier abends die Helgoländer Fischerboote ein, wenn sie von ihren Angelfahrten, vom Hummer- oder Knieper-

Fang zurückkehren. „Zu Gucken" gibt es von der „Bunten Kuh" aus immer etwas – eine ideale Adresse für alle „Sehleute", die es sich einfach nur gut gehen lassen wollen. Aber auch Segler aus aller Herren Länder, professionelle Seeleute von den Forschungs- und Marineschiffen sowie Helgoländer und Urlauber, egal ob Tages- oder Dauergast, zählen zu den gern gesehenen Gästen. Die beiden Gastgeberinnen haben ihr

Handwerk übrigens auf diversen Kreuzfahrtschiffen gelernt, bevor sie sich ganz bewusst den Heimathafen Helgoland aussuchten. Kerstin absolvierte außerdem eine Hotelfachlehre im Hamburger Hotel „Prem".
Die „Bunte Kuh" beschäftigt insgesamt elf Mitarbeiter im Service und in der Küche, wobei die Crew hinter dem Herd seit vielen Jahren ein festes Team bildet. Das macht sich in der Qualität der Speisen bestens bemerkbar!
Der Gast kann zwischen diversen Kleinigkeiten sowie Fisch- und Fleischgerichten wählen, wobei neben dem Helgoländer Knieper (das sind die Scheren von Taschenkrebsen) vor allem der Pannfisch nach Art des Hauses am besten läuft (siehe Rezept).
Die favorisierten Drinks der legendär musikfreudigen Gäste sind neben Bier und Wein Caipirinha, Erdbeer-Daiquiri und Mai Tai.

Pannfisch (Gebratenes Seelachsfilet mit Bratkartoffeln und Senfsauce)

Senfsauce
Senf, Sahne, Sauce Hollandaise, Senfkörner und Maridor (Fischgewürz) zusammen langsam einkochen lassen und nach eigenem Geschmack mit Pfeffer, Zucker und Salz würzen.

ZUM HAMBURGER

Restaurant & Hotel
Zum Hamburger

Am Falm 304
27498 Helgoland

Telefon 0 47 25/81 11 90 (Restaurant)
oder 0 47 25/81 11 80 (Hotel)
Telefax 0 47 25/64 09 51

„Genießen und Entspannen", dies ist das Motto, unter dem das „Restaurant Zum Hamburger" Anfang des Jahres 2007 unter der neuen Führung von Ralf Heiland eröffnet wurde. Er und das langjährige, gut eingespielte Team wollen den seit 40 Jahren bestehenden guten Namen auch in Zukunft untermauern und bewahren.
Der Falm mit seinem super Blick über das Unterland, die Düne und den Hafen ist sozusagen eine Vorzeigeadresse Helgolands. Das Hotel an der Promeniermeile unweit des Oberland-Fahrstuhls verfügt über diesen unbezahlbaren Ausblick und fünf Zimmer sowie ein luxuriös eingerichtetes Drei-Zimmer-Appartement mit Whirlpool. „Unser Hotel ist klein, aber fein", weiß der zukünftige Gastgeber Heiland.
Das renommierte „Restaurant Zum Hamburger" bietet 70 bequeme Plätze, davon 28 in einem rückwärtig gelegenen Séparée. Wann immer das Wetter es zulässt, sind die Tische auf der Sonnenterrasse sehr begehrt. Sie ahnen es schon – der Aussicht wegen. Das Ambiente des Hauses ist gediegen, hier kann man es gemütlich angehen lassen. Die Einrichtung vermittelt Tradition. Chefkoch Dieter Essner ist von Anfang an dabei. Er hat in den hinter ihm und dem Restaurant liegenden Jahren schon manche Berühmtheit bekocht. Im „Hamburger" speisten neben den ungezählten Urlaubern und Tagesgästen auch prominente Politiker, Schauspieler sowie Musiker. Das Gästebuch aus vergangenen Zeiten vermittelt einen beredten Eindruck darüber, wie kurzweilig und spaßig es hier mitunter in den vergangen vier Jahrzehnten zugegangen sein muss.
In seiner im Souterrain untergebrachten Küche bereitet Essner zusammen mit Thomas Hupfeld und Team alle Speisen stets frisch zu. Die Speisekarte offeriert ein erstklassiges Angebot für jeden Geschmack. Das geht bereits mit den ausgewählten Vorspeisen los. Fisch und Fleisch sowie Vegetarisches hält der „Hamburger" in diversen Varianten parat, wobei die Helgoländer Spezialitäten besondere Beachtung verdienen. Der vor der Insel frisch gefangene Hummer gehört dazu und ist ein unvergessliches Feinschmecker-Gedicht. Man kann

getrost festhalten, dass der „Hamburger" für jeden etwas Passendes bietet, was ebenso für die verführerischen Desserts gilt.
Eine reichhaltige, gepflegte Getränkeauswahl rundet das lukullische Angebot des Traditionshauses ab. Dieses wird allerdings noch ergänzt durch saisonabhängige Extrakarten sowie vom Tagesangebot bestimmte „Specials".
Für alle Arten von Festen, Familien- und Betriebsfeiern kreiert das eingespielte Team des „Hamburgers" selbstredend auf die Wünsche des Gastgebers abgestimmte Speisefolgen.

Seeteufel „Hanseaten-Art"

Zutaten
(für 2 Personen)

600 g Seeteufel
100 g Nordsee-Krabben
250 g frische Champignons
4 große Tomaten
6 Schalotten
100 g Butter
Schnittlauch, Salz, Pfeffer, Zitronensaft

Zubereitung

Seeteufel von der Haut und dem Mittelknorpel befreien, in Stücke von 50–60 g schneiden. Tomaten von Haut und Kernen befreien und in Stücke schneiden. Filets salzen, pfeffern mit Zitronensaft beträufeln, mehlieren und in geklärter Butter anschwenken. Danach zur Seite stellen und im Fond die klein geschnittenen Schalotten und Champignons anschwitzen. Zum Schluss Tomaten und Krabben dazu geben.
Die Filets kurz anwärmen und die Garnitur schräg über die Filets legen.
Als Beilagen werden tournierte Butterkartöffelchen und frischer Salat.

FALMHOTEL UND RISTORANTE BELLAVISTA

Falmhotel – Ristorante Bellavista

Dorothee Martens

Am Falm 302
27498 Helgoland

Telefon 0 47 25/8 14 00 (Hotel)
oder 0 47 25/64 09 27 (Restaurant)
Telefax 0 47 25/81 40 40

Das „Falmhotel“ mit dem „Ristorante Bellavista“ liegt direkt am südlichen Ende der Felskante des Helgoländer Oberlandes, dem so genannten „Falm“. Hier erstreckt sich ein beeindruckender Blick auf das Meer, die Reede, die Landungsbrücke, den Strand, die Badedüne und den Hafen.
George W. Black erwähnt 1888, noch vor Übergabe der Insel an das Deutsche Reich (1890), den Falm in seinem Buch mit folgenden Worten: „From the falm one of the loveliest views in all the world lies before your eyes.“
Wenig später beschreibt Freiherr von Dincklage-Campe in seinem Buch „Die Reichsinsel“ (1894) den Falm folgendermaßen: „Der Falm bildet den Stolz, den Glanzpunkt der Insel. Der Insulaner – und würde er 90 Jahre alt – wird nicht müde, immer wieder hinabzuschauen auf das ewige Bild des Meeres.“
Die Helgoländer Familie Martens übernahm das Hotel im Jahre 2002 und nannte es der besonderen Lage entsprechend „Falmhotel“.

Inzwischen erfreut sich der Betrieb vieler zufriedener Gäste, vor allem Stammgäste, die das Hotel mit seiner ausgezeichneten Lage zu schätzen wissen. Hier kann man den oben beschriebenen herrlichen Seeblick und die faszinierenden Sonnenaufgänge hervorragend genießen.
In den gepflegten Zimmern, beim gemütlichen Frühstück mit Blick auf das Meer oder auch in der Sauna kann man den Urlaub in persönlicher Atmosphäre entspannt genießen. Das hauseigene Restaurant wurde 2005 in die eigene Regie übernommen. Es bietet

im Innenbereich 90 Gästen und auf der Sonnenterrasse bis 50 Personen Platz.
Bei der Planung für die kulinarische Abteilung des Hauses wurden Dorothee Martens und ihr Ehemann Kay während eines Besuchs mit den Söhnen Jonas und Jakob auf Sizilien von der befreundeten Familie Vinci-D'Arrigo entscheidend inspiriert und später dann bei der Realisierung kräftig unterstützt. So wurden ein paar zusätzliche Sonnenstrahlen aus dem romantischen Taormina mit nach Helgoland getragen.
Inzwischen bildet das ambitionierte „Ristorante Bellavista" mit seinem wundervollen Ausblick, der gepflegten mediterranen Atmosphäre und der vorzüglichen italienischen Küche eine gelungene und gern angenommene Bereicherung zum übrigen lukullischen Angebot der Insel.
Das „Ristorante Bellavista" bietet dabei eine Brigade von hervorragenden Köchen mit viel Fachkönnen und Engagement. Sie zaubern Speisen der traditionellen italienischen Küche wie z.B. Antipasti, Salate, Pizza, Pasta und natürlich auch vielseitige Fleisch- und Fischgerichte.
Ein besonderes Augenmerk gilt den auf mediterrane Art angerichteten heimischen Nordseefischarten und Meeresfrüchten.
Als Dessert ist das hausgemachte Tiramisu besonders beliebt.
Eine große Auswahl von ausgesprochenen Weinkennern zusammengestellter italienischer Weine rundet das lohnenswerte Angebot mit seinem südlichen Flair vortrefflich ab.
Die herzliche Art der sympathischen Inhaberin Dorothee Martens prägt den Charme des Hauses. Gemeinsam mit einem Team von aufmerksamen und freundlichen Mitarbeitern ist man stets um das Wohl der Gäste bemüht.
Benvenuti!

Gamberoni Bellavista

Zutaten

5 Gamberoni (Hummerkrabben 13/15er mit Kopf und Schale)
100 g Blattspinat
6 Scheiben Parmaschinken
1 Zitrone
1 EL Butter
2 EL Olivenöl
2 Knoblauchzehen
½ rote Peperoni
1 EL gehackte Petersilie
50 ml Weißwein
50 ml Cognac
Pfeffer, Salz

Zubereitung

Die Schale der Gamberoni an Ober- und Unterseite zwischen Kopf und Schwanz in Längsrichtung aufschneiden und die Gamberoni reinigen.
In heißem Olivenöl durchbraten.
Butter, Zitronensaft, gehackte Peperoni, Weißwein, Cognac, Pfeffer und Salz hinzugeben. Das Wasser schnell verdunsten lassen, zum Abschluss Petersilie dazugeben. Den Blattspinat in Butter braten und mit Knoblauch, Salz und Pfeffer verfeinern. Den Spinat in der Mitte des Tellers anhäufen und die Gamberoni sternförmig aufstellen. Den Parmaschinken als Garnitur verwenden.

Abwechslungsreich, köstlich, Energien pur, und alles für die Gesundheit nur."
Das Mobiliar in der „Eiergrogstube" ist rustikal aber gemütlich, das Ambiente erinnert ein wenig an die legendäre „Haifischbar". An den Wänden finden sich diverse maritime Bilder und sehenswerte Mitbringsel, die dem Gast vor Augen halten, dass dieses gastliche Haus eng mit der Seefahrt verbunden ist.
Jede Menge Fotografien gibt's außerdem zu bestaunen. Sie dokumentieren, dass sich in der „Eiergrogstube" weit mehr tut als anderswo. Hier treffen sich alteingesessene Vereine der Insel zu ihren regelmäßigen Zusammenkünften. Dabei wird auch kräftig gesungen. Etwa wenn sich die Mitglieder des Shantychores „Halunder Songers" zu ihren Übungsabenden verabreden. Auch die aus Rundfunk und Fernsehen bekannten „Helgoländer Karkfinken" kommen hier turnusgemäß zusammen.
Zudem kann das Ehepaar Lösekann diverse Stammtische bewirten. Spätestens dann wird in der „Halunder Weartskep" Helgoländisch, also „Halunder" gesprochen. Und dann muss der Durchschnittsurlauber schon gewaltig seine Ohren spitzen, um überhaupt

Restaurant Eiergrogstube
- Halunder Weartskep -

Rekwai 419
27498 Helgoland

Telefon 0 47 25/81 13 42
Telefax 0 47 25/80 07 54

Gerold Lösekann und seine Frau Ingrun können schon ein wenig stolz sein: Sie sind Gastgeber in Helgolands ältester Gaststätte, der „Halunder Weartskep" oder kurz: der „Eiergrogstube". Allerdings gibt es dort, wie man fälschlicherweise meinen könnte, weit mehr als nur Eiergrog bis zum Abwinken.
In der Traditionswirtschaft geht es ausgesprochen urig zu. Das verkündet schon der Wahlspruch der Wirtsleute:
„Aal Lidden fan'd Lun und Liebe Gäste,
zu essen gibt es hier nur das Beste.
Der Chef hier kocht wie Mutter
mit Sahne, Salz und Butter.
Satt und zufrieden sollt Ihr geh'n,
damit wir Euch bald wiederseh'n.

ein paar Worte mitzubekommen. Die Helgoländer „Ursprache“ ist um einiges komplizierter als das halbwegs bekannte Plattdeutsch, denn es geht auf das Friesische zurück.
Zur Küche des Hauses: Dort zaubert der Chef persönlich an Töpfen und Pfannen. Seine Spezialität sind Fischgerichte mit Meeresbewohnern aus der Nordsee, die rund um den Roten Felsen in die Netze gelangen. Der Fisch kommt in der „Eiergrogstube“ ohne überflüssigen Schnickschnack „natur“ in die Pfanne und wird nur mit guter Butter gebraten. Gerold Lösekann fährt bei Gelegenheit auch gern selber hinaus, um etwas Besonderes für die Speisekarte mit in sein Restaurant zu bringen.
Dazu gehört immer mal wieder der äußerst leckere, etwa zwei Meter lange Helgoländer Grundhai – eine Delikatesse! Scholle, Makrele, Dorsch, Steinbutt, Seezunge und Knurrhahn sowie natürlich Helgoländer Knieper komplettieren je nach Saison die reich gedeckte Fischtafel in der „Weartskep“. Selbstverständlich gibt es bei Ingrun und Gerold Lösekann auch eine reichhaltige Auswahl anderer Gerichte – sozusagen als Alternative, denn nicht jeder Gast isst jeden Tag auch Fisch.
Neben dem einheimischen Eiergrog – der nur hier so einmalig und vorzüglich schmeckt – bieten die Lösekanns eine große Palette an gepflegten Getränken.
Sehr zu empfehlen sind hierbei die gezapften Bierspezialitäten aus einer kleinen Pri-

vatbrauerei auf dem schleswig-holsteinischen Festland: Sie sollten in der „Halunder Weartskep“ unbedingt einmal das exklusiv angebotene und überaus süffige „Holzsäger Pils“ und das „Holzsäger brünett“ probieren. Na dann – Prost!

ST. PETER-ORDING

Drei Klimazonen nebeneinander in nur einer Ortschaft – gibt es so was wirklich? Ja, in St. Peter-Ording. Der zwölf Kilometer lange und bis zu zwei Kilometer breite Strand und die Sandwiesen haben häufig ein anderes Wetter als der einst künstlich angelegte Waldgürtel sowie das Marschland dahinter. Erstaunlich, aber wahr.

Der Strand von St. Peter-Ording ist ein Anziehungspunkt sondergleichen, nicht nur für Urlauber und Ausflügler, sondern ebenso für sportlich Aktive: Strandsegler, Kite-Akrobaten, Windsurfer, Volleyballer, Drachenfans und andere finden hier ein ideales Revier. Aber Achtung: Ebbe und Flut haben auch vor Eiderstedt ihre eigenen Gesetzmäßigkeiten, so dass es schnell mal nasse Füße geben kann.

Deshalb gibt es hier auch diese merkwürdigen, aber charakteristischen Pfahlbauten, die sogar als unverwechselbare Wahrzeichen für den Ort auserkoren wurden. Die erste Holzkonstruktion wurde 1911 zu Kaisers Zeiten in Betrieb genommen und hatte schnell den Beinamen „Giftbude“. Warum? Weil die immer zahlreicher werdenden Badegäste sich dort nach ihrem mutigen Sprung in die kühlen Fluten gern von innen heraus mit Branntwein oder einem kräftigen Grog erwärmen ließen. Und bestimmt kam ein pfiffiger Sommerfrischler aus Berlin auf die Idee, die originelle, Wärme verheißende Strandgastronomie augenzwinkernd als „Giftbude“ zu bezeichnen.

Apropos Gastronomie: In den vier Ortsteilen des anerkannten Nordseeheil- und Schwefelbades findet der Gast alles, was den Urlaub versüßt: vom einfachen Kartoffelpuffer oder Matjesbrötchen bis hin zu ausgesuchten kulinarischen Verführungen

à la Haute Cuisine. Wer sich in Ording, St. Peter-Bad, St. Peter-Dorf und St. Peter-Böhl, den so unterschiedlichen Gemeindeteilen, in Ruhe umschaut, findet garantiert ein Speiselokal oder Café, das ganz seinen persönlichen Vorstellungen entspricht. Pensionen und Hotels in jeder Güte gibt es selbstredend auch zur Genüge.
Für die eigene Urlaubsküche in der Ferienwohnung sei der malerische und bestens sortierte Wochenmarkt in St. Peter-Dorf empfohlen, zu dem der Marktmeister immer mittwochs einlädt. Danach bietet sich ein Bummel um die alte Kirche an. Rund 4.000 Menschen leben ständig in St. Peter-Ording, das übrigens erst 1967 durch die Zusammenlegung der beiden gleichnamigen Gemeinden entstand. Erstmals urkundlich erwähnt wurde die Gemarkung um 1373; sie hieß zu dieser Zeit noch Ulstrup. Etwas später dann verlieh der Name der Hauptkirche St. Peter dem Ort seinen dauerhaften Namen. Vor dieser Zeit sollen bereits Wikinger diesen Landstrich besiedelt haben.

Die Bauern der Gegend hatten es „anno dunnemals“ auf der Halbinsel Eiderstedt absolut nicht leicht: Wanderdünen und Böden mit einem zu hohen Salzgehalt machten Ackerbau zu einem kaum lohnenden Knochenjob. Erst als der damals noch zuständige dänische König im Jahr 1860 Dünenbepflanzungen anordnete, wandelte sich die Situation zum Positiven.
Wegen des Zusammenspiels von Wind, Flugsand und Wellen kam es in diesem Landstrich übrigens auch nie zum Bau eines regulären Hafens.

Auf den nordfriesischen Inseln gab es in früheren Jahrhunderten die Strandräuber, die ihren offiziell illegalen Broterwerb nicht selten bis zum Exzess trieben, falsche Leuchtfeuer entzündeten und sogar Seeleute ermordeten. Davon war vor St. Peter-Ording keine Rede. Hier zeigten sich die Strandläufer, die „Hitzlöper", äußerst aktiv, die ihrerseits ebenfalls alles vom Strand bargen, was nicht niet- und nagelfest war, und vor dem Besitzanspruch der Obrigkeit versteckten. Dadurch konnten sie ihr karges Auskommen verbessern.

Die Natur meint es übrigens gut mit Strandspaziergängern: Mit etwas Glück lässt sich auch heutzutage Bernstein am Flutsaum finden. Wer mehr über den Nationalpark Wattenmeer erfahren möchte, sollte unbedingt das Informationszentrum in der Schulstraße (am Marktplatz) besuchen. Ebenso sollten Sie eine Visite im sehenswerten „Westküstenpark & Robbarium" in Böhl einplanen. Bei Schmuddelwetter (und nicht nur dann) bietet sich das attraktive Freizeit- & Erlebnisbad „Dünen-Therme" mit seiner Saunalandschaft an.

DER RICHARDSHOF

Galerie, Café, Bistro
und Ferienwohnungen
im Richardshof

Wittendüner Allee 84
25826 St. Peter-Ording

Telefon 0 48 63/70 32 20
Telefax 0 48 62/10 45 21

„Das ist ja romantisch hier!", ist der erste spontane und oft geäußerte Eindruck von neuen Gästen des „Richardshofes". Das schöne alte Haus mit seinem Reetdach, auf dem sich viel Moos gebildet hat, strahlt eine heimelige Atmosphäre aus. Dieser Eindruck gilt auch für das Innere.
Der Hof ist wie viele Bauernhöfe auf Eiderstedt ein Vierständer-Haubarg und liegt im Ortsteil Wittendün am Rande von St. Peter-Ording, umgeben von Ponyweiden und einem meist prächtig blühenden Bauerngarten. Auch Brennnesseln dürfen dort durchaus ihre Schönheit zeigen.
1696, das ist das festgehaltene Gründungsjahr über dem früheren Scheunentor. Jahrhundertelang gehörte der Bauernhof der Familie Richardsen. Mitte der 1950er Jahre erwarb der Maler Hubert Meiforth den Haubarg, den er ganz allmählich zum Kulturhof mit Atelier und Galerie für seine spätimpressionistischen Bilder umwandelte. Er restaurierte das Anwesen mit dem sensiblen Gespür eines Künstlers. Nach seinem Tod übernahm seine Schwiegertochter Ulrike Maria Henning den „Richardshof". Mit viel Elan und wechselnden Ausstellungen bewirkte sie ein reges Kunstleben auf dem Hof. Unter dem Reetdach baute sie sechs unterschiedlich große Ferienwohnungen aus.
Als „Haus Godewind" war der „Richardshof" 1997 sogar Schauplatz für die Fernsehserie „Gegen den Wind". Beim Betreten des Haubargs spürt der Gast sofort die Behaglichkeit eines alten friesischen Hauses. In der Eingangshalle fällt der Fußboden mit seinen florentinischen Kacheln, die für diese Gegend eher ungewöhnlich sind, auf. Bäuerliche Reminiszenzen wie eine alte Kuhglocke sowie Pferdesattel und -geschirr zieren die Wände. Das Grammofon, der wuchtige Schrank mit seinen Säulen sowie die Galionsfigur und die vielen alten Gemälde runden das sympathische Gesamtbild ab.
Das kunstvolle Treppengeländer führt in die obere Etage mit den Appartements. Dem Flair des Hauses entsprechend sind sie individuell eingerichtet – im attraktiven Zusammenspiel moderner Möbel mit schönen Antiquitäten. An den Wänden hängen Bilder von Hubert Meiforth, aber auch meditative Fotografien von Edgar Henning.
Der aus Hamburg stammende Fotograf lebt seit vielen Jahren auf Eiderstedt und stellt seine Bilder im „Richardshof Galerie-Café" aus. Außer seinen interessanten Fotos von Eiderstedt gibt es hier auch verschiedene Produkte einheimischer Künstler zu erwer-

ben. Die niedrigen Holzdecken in den Räumlichkeiten sorgen für eine urgemütliche Atmosphäre.
Die Ferienwohnungen sind zwischen 38 bis 120 Quadratmeter groß und mit bis zu drei Schlafzimmern versehen. Sie verfügen entweder über eine separate Küche oder eine geschickt integrierte Küchenzeile. Die zum Teil verwinkelten Räume sind mit vielen dekorativen Elementen versehen, wie etwa langstieligen Rosen auf Messingfüßen oder schmiedeeisernen Kerzenständern mit Herzen, die fast alle aus dem persönlichen Besitz der Gastgeberin stammen. Auch die Schlafzimmer sind alle unterschiedlich ausgestattet, mal mit dänischen Bauernmöbeln, mal modern und mal antiquarisch. Korbsessel und Rattanmöbel geben den Räumen eine leichte, mediterrane Note. Zu jedem Appartement gehört auch ein Gartenplatz mit Strandkorb.
Unter gleichem Dach befindet sich das „Galerie-Café“, das zwischen 14 und 18 Uhr geöffnet hat (montags und dienstags ist Ruhetag). Hier kann man sich mit selbstgebackenen Kuchen vom Blech sowie originell servierten Tee- und Kaffeespezialitäten verwöhnen lassen. Wechselnde Kunstausstellungen sowie kleine, feine Konzerte machen das Café zum Erlebnis. Ein Fest im „Galerie-Café“ im „Richardshof“ zu feiern, wird zu einem unvergesslichen Erlebnis.
Bis zu 50 Personen können es sich hier wunderbar gut gehen lassen.

OLSDORFER KRUG

Olsdorfer Krug

Familie Rother

Olsdorfer Straße 13
25826 St. Peter-Ording

Telefon 0 48 63/25 00

Jochen Rother, der Inhaber vom „Olsdorfer Krug", ist nicht nur ein angesehener Gastwirt und wichtiger Mitgestalter im Hotel- und Gaststättenverband DEHOGA auf Eiderstedt; er ist gleichfalls ein geschätzter Waidmann. Nicht zuletzt deshalb ist er Vorsitzender der Kreisjägerschaft. Er und seine Jagdkollegen machten sich aktiv dafür stark, dass im Westküstenpark von St. Peter-Ording im Mai 2006 eine historische „Entenkoje" eröffnet werden konnte. Diese pfiffigen, großflächigen Vogelfallen waren noch im 19. Jahrhundert für manchen Einheimischen neben dem Fisch- und Walfang eine wichtige Einnahmequelle.
Die erbeuteten Gänse und Enten wurden seinerzeit geschlachtet und verkauft. Bis zu 12.000 Wildenten nahmen die Betreiber damals pro Jahr in jeder der insgesamt 14 Kojen an der Westküste gefangen.
Zur gastronomischen Seite von Jochen Rother: Bei ihm und seinem umsichtig-flotten Team vom „Olsdorfer Krug" herrscht regelmäßig Theater – nach allen Regeln der hohen Kunst. Nicht etwa, weil sich die Belegschaft nicht einig wäre und sich über irgendwelche Konflikte in die Haare geriete – weit gefehlt: Das schmucke Traditionshaus im Herzen von St. Peter Dorf verfügt über einen Saal mit Bühne, und auf der wird häufig richtig gediegenes plattdeutsches Volkstheater geboten.
Zudem können Gäste und Einheimische das ganze Jahr über diverse andere lohnenswerte kulturelle Veranstaltungen unter dem beeindruckenden Dachstuhl besuchen, wobei sich die kurzweiligen Tanzvergnügen einer besonderen Beliebtheit zumal unter den Feriengästen erfreuen.
Die Inneneinrichtung des „Olsdorfer Kruges" ist konsequent in den traditionellen friesischen Farbtönen gehalten. Viel Naturholz

und geschmackvoller, dezent angeordneter Raumschmuck vermitteln ein auf die Seele und das allgemeine Wohlbefinden angenehm beruhigend wirkendes Gefühl des Aufgehobenseins. Hier ist ein Ort, der Tradition und uralte Gastfreundschaft vermittelt und an dem man sich ganz einfach gut fühlt.
Neben dem großen Saal und der Gaststube verfügt der „Krug“ ebenfalls über ein Kaminzimmer sowie einen Clubraum – die unterschiedlich gestalteten Räume können auch für Feierlichkeiten jeder Art und Größe separat gemietet werden. Das Ehepaar Rother ist natürlich gern bei der umfassenden Fest- und Menüplanung behilflich.
Für die Küche zeichnet der Chef persönlich verantwortlich. Sein besonderes Augenmerk hat er darauf gerichtet, Urlauber mit saisonal orientierten regionalen Spezialitäten von Eiderstedt vertraut zu machen. Dazu gehört Qualitätsfleisch vom Lamm, Schwein oder Rind genauso wie fangfrischer Fisch aus der nahen Nordsee. Nicht zuletzt wegen seiner reichhaltigen, gut sortierten Speisenkarte erfreut sich der „Olsdorfer Krug“ einer großen Zahl von Stammgästen.
Jochen Rother versteht sich ebenfalls hervorragend auf die Zubereitung von leckeren Wildgerichten, die es bei ihm in der entsprechenden Jahreszeit in diversen Variationen gibt. Dass dazu im gemütlichen Wirtshaus der Rothers die passenden Getränke angeboten werden, braucht an dieser Stelle nicht weiter betont zu werden. Nur abschließend soviel: Ein Besuch des traditionsreichen „Kruges“ an der Kirche von St. Peter Dorf lohnt sich allemal.

Geschmorte Rehkeule

Zutaten & Zubereitung

1 ausgelöste Rehkeule (etwa 1,8 kg)
150 g grüner Speck
Salz, Pfeffer
Thymian-, Rosmarinzweige, Salbeiblätter
12 Wacholderbeeren
1,5 TL Salz
½ TL frisch gemahlener weißer Pfeffer
½ TL Pimentpulver
60 g Pflanzenöl
1 Zwiebel
1 Möhre
1 Stück Knollensellerie
½ l Wildfond
2 cl Cognac
1 TL Speisestärke

Rehkeule parieren. Speck in Streifen schneiden, mit Salz und Pfeffer würzen und in das Tiefkühlfach stellen. Das Fleisch mit einem spitzen Messer quer zur Fleischfaser in regelmäßigen Abständen einschneiden und mit den tiefgefrorenen Speckstreifen und den Kräutern spicken. In jeden dritten Einschnitt zusätzlich eine Wacholderbeere geben. Die Keule mit Küchengarn locker binden, mit Salz, Pfeffer und Piment würzen und in einem Bräter in heißem Öl rundherum anbraten. Das geputzte, grob zerkleinerte Gemüse dazugeben, leicht Farbe nehmen lassen und den Wildfond angießen. Ohne Deckel bei 200 °C in den Ofen schieben und die Keule in kurzen Abständen mit Hilfe einer Schöpfkelle mit Wildfond übergießen. Nach ca. 15 Min. abdecken, Hitze auf ca. 160 °C reduzieren. Die Keule 1 bis 1,5 Std. schmoren und dabei ein- bis zweimal wenden. Wenn das Fleisch eine Kerntemperatur von 80 °C erreicht hat, den Braten herausnehmen und in Alufolie einschlagen. Sauce durch ein feines Sieb passieren, etwas einkochen lassen und mit dem Cognac verfeinern. Die Speisestärke in etwas kaltem Wasser anrühren und die Sauce damit binden. Die Keule in Scheiben schneiden und mit der Sauce servieren. Ideal passen dazu glasierte Kastanien, deftiges Gemüse sowie Nockerln, Spätzle oder Nudeln.

LANDHAUS AN DE DÜN

Landhaus an de Dün

Im Bad 63
25826 St. Peter-Ording

Telefon 0 48 63/9 60 60
Telefax 0 48 63/96 06 60

Zweifelsohne zu den ersten Adressen des Kur- und Urlaubsortes St. Peter-Ording zählt das imposante, im Stil einer hochherrschaftlichen Villa erbaute Hotel „Landhaus an de Dün". Das ausgesprochen stilvoll eingerichtete Haus mit der großzügig gestalteten Auffahrt liegt eingebettet in ein idyllisches Waldgebiet zwischen den Ortsteilen Dorf und Bad – Ruhe und Erholung sind garantiert. Das „Landhaus" bietet allen Komfort, den der anspruchsvolle Gast von einem modernen und gehobenen Urlaubsdomizil erwartet.
Eigentümer Dierk Schönborn kam mit seiner Familie aus Hamburg hierher an das schöne Ende der Halbinsel Eiderstedt.
Er eröffnete die luxuriöse Herberge 1995 für all jene, die Entspannung pur suchen und das kleine, feine und sehr persönlich geführte Vier-Sterne-Hotel garni einem großen Haus vorziehen. Seit 2002 liegt die Leitung des Hauses in den Händen von Sohn Mirco und seiner Frau Heike.
Das „Landhaus" bietet „nur" 15 Zimmer. Dafür ist gewährleistet, dass es hier selbst in der Hauptsaison nie geräuschvoll, hektisch oder überfüllt zugeht. Es ist eben die private Atmosphäre, die das von renommierten Architekten durchdachte und klassisch eingerichtete Hotel dominiert.
Postmoderne Eleganz prägt die angenehm großzügig geschnittenen Zimmer im Landhausstil, die zum Teil über eine Verbindungstür zum Nachbarraum verfügen und

auf diese Weise als Suite nutzbar sind.
Das Interieur wurde speziell für das Hotel angefertigt, indirekte Lichtquellen setzen bewusst gewählte Akzente. Die warmen, sanften Farben, harmonisch aufeinander abgestimmt mit dezenten Accessoires, verleihen den Räumen ein gelungenes mediterranes Ambiente. Besonders wenn die Sonne durch die Fenster scheint, kommen die orangefarben gestalteten Wände zu ihrer vollen Wirkung.
Die zahlreichen Stammgäste des Hotels schätzen das großzügige Platzangebot über die Maßen, umso mehr, wenn sie sich für einen längeren Zeitraum eingemietet haben. Für die Gäste, die in einer der beiden oberen Junior-Suiten mit Dachterrasse wohnen, erschließt sich eine eindrucksvolle Aussicht auf den Kurwald, und sie erahnen den dahinterliegenden kilometerlangen Strand in der Ferne.
Hervorragend vom Alltag abschalten lässt es sich auch im zu dem Anwesen gehörenden Dünengarten, der sich den von der Natur geschaffenen Dünen perfekt anschließt.
Einen optimalen kulinarischen Start in den Tag bietet das reichhaltige kalt-warme Frühstücksbüffet, das keine Wünsche offen lässt. Und nachmittags duftet es verführerisch nach hausgebackenen Kuchen sowie frischen Waffeln im Café des „Landhauses“.
Wenn sich nach einem erholsamen Strandtag dezenter Appetit bemerkbar macht, serviert das freundliche Service-Team auch gern herzhafte Kleinigkeiten. Zum ausgiebigen Speisen gibt es in und um St. Peter-Ording herum diverse Alternativen mit regionalen und internationalen Angeboten. Anschließend kann man sich im „Landhaus“ an das gemütliche Kaminfeuer setzen oder auch an der Bar den Tag genussvoll ausklingen lassen.
Für Wellness, Sport und Entspannung findet sich im „Landhaus an de Dün“ eine attraktive, zeitgemäße Erlebnis-Badelandschaft – dazu zählen ein Wildwasserkanal, ein Whirlpool, Massagedüsen sowie ein Wasserfall. Selbstredend gehören eine Sauna und ein Solarium zum Angebot; sie sorgen gleichfalls angenehm für das körperliche Wohlbefinden, genauso wie die Poolbar.
Seit 2004 wird die Wellness-Palette durch eine Therapeutin ergänzt, die umfangreiche Thalasso-Anwendungen anbietet. Zudem kann sich der Gast in einer Poolwanne mit 230 Düsen bei einem Gläschen Champagner verwöhnen lassen.
Das ganze Jahr über ist das „Landhaus an de Dün“ ein wahres Refugium der Ruhe – nicht nur für gestresste Menschen. Das Hotel ist ohne Zweifel eine erstklassige Adresse für einen erholsamen Urlaub mit ausgeprägtem Luxusfaktor.

Hotel-Pension-Weinstube
Haus Schragen

Angelika und Dieter Trott

Im Bad 71
25826 St. Peter-Ording

Telefon 0 48 63/22 50
Telefax 0 48 63/14 95

Angelika und Dieter Trott sind bemerkenswerte Gastgeber. Nicht nur, weil die Eheleute ausgesprochen freundlich sind, sondern allein schon deshalb, weil sie ihre Hotel-Pension „Haus Schragen" als „eigenwilligsten Bau in St. Peter-Ording" bezeichnen. Damit liegen sie richtig, denn das architektonisch einmalige Backsteinhaus aus dem Jahr 1924 sucht weit und breit seinesgleichen, und zwar deshalb, weil es sich durch ein großes, tonnenförmiges und grau glänzendes Ziegeldach hervortut, das dem Haus seinen unverwechselbaren Charakter verleiht.
Familie Trott ließ das Haus aus den so genannten „Goldenen Zwanzigern" von Grund auf renovieren und mit einem zusätzlichen Trakt für Gästezimmer erweitern. Die Adresse „Im Bad 71" bietet vor allem für Erholung suchende Gäste viele Vorteile – speziell Ruhe und Entspannung sind hier, außerhalb des Zentrums, gewährleistet. Zum Haus gehören 1000 Quadratmeter Dünenfläche mit Liegewiese und Strandkörben. In unmittelbarer Nähe erstreckt sich der weitläufige Kiefernwald. Aber auch zum Deich und Strand sowie zum Kurviertel mit Wellen- und Thermalbad ist es nicht weit. Ein kleiner Gang, und schwupps kann man sich auch die Auslagen der Boutiquen ansehen und die gastronomischen Angebote des Ortes probieren.
Aber auch das „Haus Schragen" lädt zum kulinarischen Genuss ein. Die rustikale Weinstube unter dem historischen Dach lädt zum gemütlichen Verweilen ein. Über achtzig ausgesuchte Weine aus allen deutschen und einigen ausländischen Weinregionen bieten sich dazu an, einen schönen Urlaubstag entsprechend abzurunden. Die Küche des Hauses offeriert leckere à-la-Carte-Gerichte, zu denen es selbstredend immer den passenden Wein-Tipp von den freundlichen Gastgebern gibt.

CAFÉ & HOTEL RASMUS

In St. Peter-Ording gibt es seit rund dreißig Jahren eine Café-Institution, die wohl jeder Urlauber oder Kurgast während seines Aufenthaltes mindestens einmal besucht hat: das „café rasmus" direkt gegenüber dem Deich, mit Blick auf die Dünenlandschaft und das weite Meer. Der Wahlspruch von Elke Rasmussen und ihrem äußerst zuvorkommenden Team lautet: „Zeit zum Verweilen und den Lärm der Welt vergessen". Dieses Motto lässt sich ideal in dem idyllisch und ruhig gelegenen Café sowie in den sieben Hotelzimmern und einem Appartement umsetzen.

Das moderne Haus stammt aus dem Jahr 1978. Ein Jahr zuvor hatte das Ehepaar Rasmussen das wunderschön gelegene Grundstück erworben. Zuvor lud an gleicher stelle die Pension „Miramar" zum Entspannen in Strandnähe ein.

Seit dem 1. Juni 1979 ist das Café mit seiner großzügigen, seewärts gerichteten Terrasse ein wahrer Gästemagnet. Und das nicht nur bei schönem Wetter, sondern auch, wenn es draußen eher ungemütlich zugeht. Die sieben ganzjährig beschäftigten Mitarbeiter und die aus dem Schwabenland stammende Chefin und Hotelfachfrau garantieren eben für Gemütlichkeit und eine gastfreundliche Atmosphäre.

Dieses Wohlfühl-Ambiente spüren die Hotelgäste bereits morgens beim Frühstück. Jeder wird individuell bedient, und die Frage „Wie möchten Sie Ihr Ei?" ist so

café & hotel rasmus

Strandpromenade 1
25826 St. Peter-Ording

Telefon 0 48 63/97 10
Telefax 0 48 63/9 71 23

liebenswert wie obligatorisch. Die stets lächelnden Servicemitarbeiterinnen schaffen es ohne erkennbare Mühe, ihre Freundlichkeit bis zum Abend beizubehalten. Da lässt man sich gern verwöhnen und kommt in aller Regel auch wieder in das im klassischen Wiener Stil eingerichtete Café.
„Wir haben viele Stammgäste, die uns über all die Jahre die Treue halten", freut sich Elke Rasmussen. Das kann dann schon mal dazu führen, dass eine Spezialität nach einem Gast benannt wird, etwa „Theos Nr. 1", wohinter sich ein Kaffee mit Grand Marnier unter einer Schlagsahne-Haube verbirgt. Ein weiteres nordfriesisches Muss im „rasmus" stellt der schmackhafte Eiergrog dar, der selbstverständlich von Hand gerührt wird.
Die hauseigene Konditorei stellt den entscheidenden Erfolgsfaktor für das Café dar. Der Konditormeister stellt sämtliche Torten und Kuchen des Hauses in der Backstube selbst her. Alte Rezepte sind die Grundlage für die süßen Verführungen, und künstliche Zusätze kommen garantiert nicht zur Verarbeitung.
Die sehr appetitanregend im großen Kühltresen präsentierten Spezialitäten des „café rasmus" sind unter anderem die Lübecker Nusstorte, Mohnkuchen, Spanische Vanille-

Friesentorte

Gebackenen Blätterteig mit einem Tortenring von 26 cm Durchmesser ausschneiden (2 x) – gefrorener Teig geht auch ohne weiteres. Ring um den einen Teil des Blätterteiges legen und 1000 g Pflaumenmus mit Zimt, eventuell auch mit etwas Rum, auf den Boden füllen (nicht ganz bis zum Rand). 120 g Sahnestand mit 120 g Wasser verrühren und 600 g geschlagene Sahne unterheben. Die Masse in den Ring füllen, glatt streichen.
Das zweite Blätterteigstück vorsichtig in 12 Teile schneiden (wie Tortenstücke).
Ist die Sahne fest, den Ring abziehen (mit einem Messer am Ring entlang schneiden).
Für die Garnitur 12 kleine Sahnetupfer auf die eingeteilte Torte geben. Die Blätterteigteile schräg auf die Tupfer setzen und mit süßem Schnee bestäuben.

torte und natürlich die umwerfend leckere Friesentorte. Gäste, die Zucker nicht so gut vertragen (etwa Diabetiker), kommen in dem Café ebenfalls nicht zu kurz. Deftiges wird an der Strandpromenade 1 ebenso angeboten. Dabei bestätigt sich eine alte Faustregel, dass es in guten Kaffeehäusern in aller Regel auch leckere und preiswerte warme Mahlzeiten gibt. Der täglich wechselnde Mittagstisch und die Abendkarte zeugen gleichfalls davon. Folgenden Tipp sollten Sie beachten: Immer mittwochs ab 18 Uhr gibt es frische Seezunge aus der Nordsee.

HOTEL TWILLING

Hotel Twilling Garni

Strandweg 10
25826 St. Peter-Ording

Telefon 0 48 63/9 66 30
Telefax 0 48 63/96 63 66

Es war 1971, da bewiesen die Eltern von Levke Twilling Mut: Im ruhigen Norden des aufstrebenden Urlaubsortes St. Peter-Ording, am Strandweg, investierten sie und bauten ihr eigenes Appartementhaus für Feriengäste. Eine gute Entscheidung, wie sich bald herausstellen sollte, denn die Geldanlage erwies sich als richtig und das Haus entwickelte sich zusehends zu einer gefragten Adresse. Bereits im Jahr danach gesellte sich das Hotel hinzu.

„Das Twilling war eines der ersten Garni-Hotels in St. Peter-Ording", weiß die heutige Chefin. Sie war von Kindesbeinen an voll mit ins Gastgewerbe integriert und musste so manches Mal mit anpacken, während ihre Freundinnen an den Strand gehen konnten. Aber für die Eltern, und damit auch für den Rest der Familie, standen die Gäste nun mal im Vordergrund.

„Schon damals hab ich viel gelernt und auch Spaß an der Sache gehabt", gewinnt die Gastgeberin ihrer Kindheit als Tochter eines Hotelier-Ehepaars durchaus positive Aspekte ab. Davon profitieren heute ihre Hausgäste.

Der Familienbetrieb zeichnet sich seit jeher durch seine Wohlfühl-Atmosphäre aus. „Unsere Zimmer und Appartements sind alle individuell eingerichtet und bieten die behagliche Gemütlichkeit, auf die man während eines längeren Urlaubsaufenthaltes nicht verzichten möchte", so Levke Twilling. Der Hotelgast hat die Wahl zwischen Komfort-Zimmern sowie den exklusiveren First-Class-Zimmern. Letztere bieten stilvolles italienisches Ambiente mit einer Vier-Sterne-Ausstattung. Traumhaft: der südwärts gerichtete Balkon mit seinem weiten Blick auf den Wald und potenzieller Sonne von morgens bis abends. Für das gesamte Hotel Twilling gilt, dass man auf kürzestem Weg in das Waldstück gelangt, genauso wie an den endlosen Strand.

Der Gast ist für das Twilling-Team keine Nummer – individueller Service steht eindeutig im Vordergrund. Das ist mit ein Grund dafür, dass das renommierte Hotel

Stammgäste hat, die schon seit über 30 Jahren immer wieder kommen. Und deren Kinder zählen inzwischen auch zum festen Gästestamm.
Ankommen, Auspacken, Wohlfühlen, das ist die Devise des echten Twilling-Urlaubers. An der kleinen Bar mit ausgewählten Getränken kann man sich den ersten Entspannungsdrink schmecken lassen – und Stress, Alltagshektik sowie Termine sind so gut wie verflogen.
Das reichhaltige Frühstücksbüfett mit allem, worauf man Appetit haben kann, lässt am Morgen darauf keine Wünsche offen.
Wer will, kann den Tag auch gemütlich im sonnigen Vorgarten beginnen. Wie praktisch: Fahrräder gibt es gleich nebenan zu mieten, gute Restaurants befinden sich ebenfalls in unmittelbarer Nähe und der Tennisplatz ist gegenüber im Wald. Durch diesen führt auch der kurze Spaziergang ins Geschäftszentrum sowie zum Freizeitbad von St. Peter-Ording.

BÜSUM / HEIDE

Wenn es in Norddeutschland stolze Bauern gibt, dann findet man diese spätestens in Dithmarschen. In der Geschichte spielen die Landwirte schon lange eine wichtige Rolle. Heutzutage fallen die riesigen Kohlfelder auf, die seit Ende des 19. Jahrhunderts diese Landschaft prägen. Die im Herbst gefeierten „Kohltage“ untermauern alljährlich, dass es sich bei diesem Landstrich um die größte zusammenhängende Kohlregion überhaupt handelt. Und außerdem lernt man bei diesem Spektakel, dass man mit Weißkohl ganz schön viel machen kann, nämlich auch Brot oder Wurst – beides schmeckt vorzüglich!

Büsum ist das Nordseebad des Kreises. An der dortigen Wattenmeerküste, gleich hinterm Deich, gibt es sogar einen Sandstrand. Wer ganzjährig auf Badefreuden Wert legt, ist im Erlebnisbad „Piraten Meer“ bestens aufgehoben und kann dort sogar in Wellen baden. Ein weiteres Highlight für gesundheitsbewusste Urlauber ist zudem das Thalasso-Zentrum „Vitamaris“, in dem man sich wieder so richtig in Form bringen lassen kann.
„Sehleute“ kriegen in den Hafenbecken des Ortes garantiert jede Menge zu gucken, denn von hier aus legen regelmäßig gleich zwei Bäderschiffe nach Helgoland ab. Und der Museumshafen sowie der Themenpark „Blanker Hans“ bieten ebenfalls sehr viele Einblicke in die christliche Seefahrt – nicht nur für Männer und Jungs.
Die Kreisstadt Heide liegt etwa 20 Kilometer entfernt – rund 21 000 Einwohner sind für diesen Landstrich „eine Menge Holz“. Deswegen kommt einem die Stadt auch „ganz schön groß“ vor. Zu Recht: Immerhin gibt es hier den größten unbebauten Marktplatz der Republik. Und auf dem findet seit über 500 Jahren sonnabends der attraktive Wochenmarkt statt. Alle zwei Jahre wieder lädt die Stadt im Juli zum „Heider Marktfrieden“ ein, einem weit über Dithmarschen hinaus bekannten Mittelaltermarkt, der mit der erwähnten wichtigen Stellung der Bauernschaft zusammen hängt. Übrigens gibt es eine ganze Reihe von Prominenten mit persönlichen Beziehungen zu Heide, etwa Johannes Brahms, Olympiareiter Fritz Thiedemann oder der plattdeutsche Dichter Klaus Groth.

CAFÉ KRÖGER

Café Kröger

Alleestraße 31
25761 Büsum

Telefon 0 48 34/96 20 33
Telefax 0 48 34/9 66 35

Wer in Büsum dem Hafen entgegen flanieren möchte, kommt um die Alleestraße nicht herum. Dies ist die Hauptachse des Urlaubsortes, an der alles zu finden ist, was vor allem der Urlauber sucht – von der Versorgung mit Gütern des täglichen Bedarfs über Mitbringsel, Schmuck und Textilien bis hin zu gastlichen Stätten der unterschiedlichsten Art.

Seit 1932 befindet sich an dieser einstigen Allee auch das „Café Kröger" – ein Mekka für alle, die die Atmosphäre und das süße Angebot eines alteingesessenen, klassischen Cafés suchen und zu schätzen wissen.

Die Konditorei mit angeschlossenem Kaffee- und Teehaus wurde von den Schwiegereltern der heutigen Inhaberin Hilde Kröger gegründet. Pünktlich um 8.30 Uhr schließt die Chefin die große Eingangstür zu ihrem Geschäft auf und achtet persönlich darauf, dass bis 19 Uhr (oft auch noch länger) alles zur Zufriedenheit der Kunden läuft. Dabei helfen der sympathischen Gastgeberin neun fest angestellte Mitarbeiter sowie sommers fünf Aushilfen.

„Café Kröger" bietet drinnen 80 Plätze, teils an kleinen, lauschigen, fast intimen Tischen, aber auch an einladenden Tafeln für Familien oder einen Freundeskreis. In der warmen Jahreszeit kann der Gast auf der Terrasse mit ihren 100 Plätzen zu jeder Tageszeit zwischen Sonne und Schatten wählen – ein wahres Plus angesichts der heißen Hochsommer der vergangenen Jahre.

Büsumer Sandgebäck

Zutaten

375 g Butter
250 g Zucker
250 g Mehl
250 g Speisestärke
125 g gemahlene Mandeln
1 Vanilleschote
etwas Salz
flüssige Schokolade

Zubereitung

Alle Zutaten zu einem Teig verkneten, kurze Zeit kalt stellen.
Den Teig mit einem Spritzbeutel auf ein eingefettetes Backblech geben.
Im vorgeheizten Backofen bei 180 °C ca. 10 Minuten hell backen.
Nach dem Abkühlen mit flüssiger Schokolade bepinseln.

Das Spielchen vom Sehen und Gesehenwerden lässt sich dabei in der Alleestraße 31 von jeher bestens praktizieren.
In der hauseigenen Konditorei hat der Bäcker- und Konditormeister Peter Reimers das Sagen. „Bei ihm und seinem Team kann sich unser Gast oder Kunde darauf verlassen, dass den Produkten weder künstliche Aroma- noch Farbstoffe zugesetzt werden“, beschreibt Hilde Kröger die Philosophie ihres Hauses, „wir verwenden richtige Konditorsahne und verzichten auf Gelatine.“
Das schmeckt man den Kuchen, Teilchen und Torten des Cafés auch deutlich an.
Der Gast hat die Qual der Wahl zwischen über 50 verschiedenen Gebäcksorten aus eigener Produktion. Sehr hoch im Kurs der ungezählten Gäste und Stammgäste stehen etwa der Riesen-Bienenstich oder die traditionelle Friesenschnitte, letztere gefertigt aus Blätterteig, Pflaumenmus und frischer Sahne. Die absolut favorisierten Spezialitäten des Cafés sind überdies die Zitronentorte sowie die traumhafte Eistorte. Daneben finden sich auf der Karte natürlich auch leckere, deftige Mahlzeiten, vom Schinkenbrot bis hin zum warmen Schmankerl.

In den Wintermonaten gönnt sich das „Café-Kröger“-Team mittwochs einen Ruhetag, und zwischen Ende November und Mitte Dezember sind Betriebsferien. Ansonsten jedoch öffnet die Chefin immer pünktlich um halb neun die Tür zu ihrem verführerischen Reich des Süßen.

Tee- & Weinhaus Hansen

Tee & Weinhaus Hansen

Kirchenstraße 8
25761 Büsum

Telefon 0 48 34/49 66
Telefax 0 48 34/49 66

Weinhaus Hansen

Wulf-Isebrand-Platz 8
25746 Heide

Telefon 04 81/6 83 56 38
Telefax 04 81/6 83 56 38

Stammkunden finden es auch mit geschlossenen Augen: Immer der Nase nach! Der Duft, der in der Büsumer Kirchenstraße so verräterisch um die Ecke zieht, wiegt schwerer als die salzhaltige Nordseeluft. Ein Hauch von Vanille und Sahne, ein Flair von Karamell und Earl Grey, ein ganzes Bouquet verschiedener Duftaromen – das „Tee- & Weinhaus Hansen" „bindet" seine Kunden zu allererst mit der Nase. „Wir nennen das unsere Duftfalle", sagt Kirsten Hansen lachend, wenn sich morgens mal wieder die Mischtrommel dreht.

Bereits in der vierten Generation handelt die Familie Hansen mit Kolonialwaren, Tee und Kaffee. Das Büsumer Geschäft besteht seit 1992 und wurde von Claus-Dieter Hansen und seiner Frau Hella gegründet. Zuvor verkaufte das Ehepaar viele Jahre lang Tee auf Föhr. 1995 kamen die Tochter Kirsten und ihr Mann Norbert Hötten dazu und übernahmen das Geschäft 1997. Im Jahr darauf eröffneten sie das Weingeschäft in Heide am Wulf-Isebrand-Platz 8.

2002 erweiterten sie das Geschäft um Feinkost und Delikatessen. Fünf Angestellte sind im „Tee- und Weinhaus" beschäftigt. In Büsum eröffnete die Familie das erste Teefachgeschäft im Ort. Mit rund 300 Sorten steht der Tee im Mittelpunkt des dortigen Sortiments. Einen Schwerpunkt bilden die malzigen Assam-Tees, nach Familienrezepten zu Friesen-Tees gemischt. Die „Festtagsmischung", den „Öko-Friesen" oder den „Sonntagstee" gibt es so nur bei Hansens. „Die Qualität der Einzeltees und die richtige Mischung sorgen für das typische

Aroma und das Genuss-Erlebnis der Kunden, das letztlich unser Ziel ist“, erläutert die Inhaberin. Dazu gehört auch, dass nahezu alle Tees selbst von Hand gemischt und aromatisiert werden: „So garantieren wir Frische und Qualität.“

Stammkunden aus ganz Deutschland lassen sich die Teepakete nach Hause schicken, manchmal sogar bis in den Urlaub nach Italien. Bis nach Australien hat sich der Ruf der Hansen-Mischungen herumgesprochen – nur die hohen Transportkosten verhinderten bislang die Lieferung.

Zum genussvollen Teetrinken gehört eine fachkundige Beratung, damit der Geschmack des Kunden, das Aroma des Tees und die Wassergüte in seiner Heimatstadt zueinander finden. Tipps, Rezepte und die „Kleine Teeschule“ gehören dazu. Das Ehepaar Hansen versteht sich als Botschafter in Sachen Teekultur: „Wir haben schon viele überzeugte Kaffeetrinker zu Teekennern gemacht.“

In Büsum gibt es zudem rund 150 Weine aus Deutschland und von ausländischen Winzern, Obstbrände, Cognac, Calvados, Madeira und mehr. Schokoladen, Pralinen und Trüffel, Teegebäck, Imkerhonig und Teezubehör runden das Angebot ab.

Das Geschäft in Heide ist räumlich und thematisch unterteilt in „Feinkost“ und „Wein“. „Unsere Weine, mehr als 400 aus den klassischen Anbaugebieten Europas, Südafrikas, Australiens und Argentiniens, kaufen wir direkt bei den Winzern nach umfangreichen Vergleichsproben“, erläutert Norbert Hötten. Wie beim Tee steht auch hier die Qualität im Vordergrund: „Jedes Jahr verkosten wir mehrere tausend Weine, um letztlich einige Dutzend ins Programm aufzunehmen.“

Das „Weinhaus“ lädt zweimal im Jahr zu großen Proben ein. Sie ermöglichen einen Überblick über das Sortiment, aber auch eine Gaumen-Schulung. „Auf diesen etwas puritanischen Proben lenkt kein Dinner von der Hauptsache ab: Außer Wein gibt es nur Wasser, Käse und Weißbrot“, bemerkt der Chef.

Die Feinkostabteilung liefert fast alles, was man sich zum Wein wünscht: ausgesuchte Käsesorten aus Italien, Frankreich, der Schweiz und Nordfriesland, Schinken von sardischen, toskanischen, spanischen und heimischen Schweinen, Salami diverser Geschmacksrichtungen, Mortadella, Pasta aus den Abruzzen, Trüffel, Gänseleber, Konfitüren, Espressokaffee, frisches Obst der Saison und natürlich Tee.

Und fürs Gefühl schnauft und dröhnt eine Espressomaschine, die nichts der Automatik überlässt. Kunden sagen, sie mache den besten Espresso der Stadt.

TÖNNING

Damals war das kleine Tönning an der Eidermündung ein wichtiger Ort: Hier fand sich nicht nur ein wichtiger Seehafen, sondern gleichfalls der Ausgangspunkt zur Querung des Festlandes in Richtung Ostsee. Das geschah mit kleineren Schiffen über die Eider sowie den Eiderkanal und Schleusen, bis der Schifffahrtsweg nahe Kiel auf das „mare balticum“ traf. Von dieser Zeit zeugen in Tönning viele Gebäude, nicht zuletzt der malerische alte Hafen, der heute längst nicht mehr seine Bedeutung hat:
Nachdem der Kaiser seinen Nord-Ostsee-Kanal in Betrieb genommen hatte, verlor der Eiderkanal schlagartig an Bedeutung. Die moderne Verbindung zwischen beiden Meeren war für weitaus größere Tonnagen geeignet. Und der Bau des mächtigen Eidersperrwerks als Reaktion auf die immer höher auflaufenden Sturmfluten sorgte endgültig für eine Art Dornröschenschlaf des Tönninger Hafens. Fischkutter und andere seetüchtige Boote machen seither im zehn Kilometer entfernten Hafen am Sperrwerk fest. Der gehört zwar auch zu der 5000-Einwohner-Stadt, ist aber eben nicht mehr unweit der 1186 eingeweihten St. Laurentius-Kirche beheimatet.

Tönning hat eine bis in die jüngere Vergangenheit bewegte Geschichte hinter sich. Jahrhunderte lang war die zu Dänemark gehörige Festung Grenzstadt gegenüber Holstein auf der anderen Seite des Flusses. Belagerungen, die Kontinentalsperre unter Napoleon, Sturmfluten und andere Ereignisse prägen das bunte lokale Geschichtsbuch. Einen Hauch davon erlebt man auf alle Fälle, wenn man durch die Gassen schlendert und den Marktplatz und die prächtige alte Stadtkirche erkundet.
Die Tönninger Autos tragen heute das Kennzeichen NF – die Einwohner gehören zu Nordfriesland. Vor der letzten Kreisreform jedoch war Tönning noch Kreisstadt von Eiderstedt, und nicht wenige Einwohner waren damals, im Jahr 1970, gegen die Umstrukturierung.
So oder so: Tönning ist allemal einen längeren Aufenthalt wert. Wenn Sie montags kommen, herrscht auf dem großen Marktplatz reges Treiben. Und das zur Expo 2000 eröffnete Multimar-Wattforum lädt zu einer spannenden Inforeise durch die Welt des Nationalparks Wattenmeer ein.

RESTAURANT WINDROSE IM HOTEL MIRAMAR

Restaurant Windrose
im Hotel Miramar

Westerstraße 21
25832 Tönning

Telefon 0 48 61/90 90
Telefax 0 48 61/90 94 04

Wer an der Westküste als Urlauber unterwegs ist, sollte es keinesfalls versäumen, dem Eiderhafen Tönning einen Besuch abzustatten – es lohnt sich! Das Städtchen bietet eine Reihe von Sehenswürdigkeiten, zuvorderst der Hafen. Zentralpunkt des historischen Ortes ist der Marktplatz mit der St. Laurentis-Kirche und ihrem barocken Turm, dem Brunnen von 1613 sowie dem kleinen Schlosspark. Über die Landesgrenzen hinaus bekannt sind das moderne „Multimar-Wattforum" sowie das attraktive Naturschutzgebiet Katinger Watt.
Touristisch wie kulinarisch darf bei einer Tönning-Visite der Besuch des Restaurants „Windrose" im Vier-Sterne-Hotel „Miramar" nicht fehlen. Dieses befindet sich nur wenige Schritte vom Marktplatz entfernt und stellt die ideale Ergänzung zum Stadtbummel durch Tönning dar.
Vor dem Hotelgebäude begrüßt der geschmiedete Lebensbaum des Tönninger Künstlers Michael Kreuzer den Gast.
„Der Baum versinnbildlicht die gute Luft, das klare Wasser und die üppige Natur in und um Tönning", erklärt Hotelbesitzer Uwe Peters.
Familie Peters eröffnete das noble, stilvoll eingerichtete Haus im Jahr 1998. Seither gilt: Komfort und Eleganz verbinden sich mit der norddeutschen Herzlichkeit des persönlich geführten Hauses. Die Zimmer sind – wie das gesamte Hotel – hell und geräumig gestaltet und werden durch eine kreative Innenarchitektur bestimmt. Gelb- und Orangetöne strahlen einen fröhlichen und mediterranen Charme aus.
Auch als Tagungs- und Seminarhotel sowie als Ort für Festlichkeiten ist das „Miramar" beliebt. Zudem stellt die großzügige Lobby ein gesuchtes Forum für die Künstler der Region dar.
In seinem gemütlichen Barbereich präsentiert sich das Restaurant „Windrose" ausgesprochen lichtdurchflutet und maritim dekoriert. Die Küche zeichnet sich durch je nach Saison unterschiedliche, frische Produkte aus der Region aus.
Krabben, Matjes und Scholle rangieren da an erster Stelle und sind rund ums Jahr auf der Speisekarte zu finden. Der Fisch kommt direkt vom Kutter aus dem nur ein paar Steinwürfe entfernten Hafen und verspricht dadurch einen absolut frischen Genuss.
Ein kulinarischer Kalender begleitet die Speisenfolge durch das Jahr: Lamm und Spargel im Frühling, im Sommer ein zünftiges Barbecue auf der Terrasse, Wild und Geflügel im Herbst. Und die für diesen Landstrich berühmten „Mehlbüdel" werden ebenfalls – nicht nur im Winter – in der „Windrose" serviert.
Das kalt-warme Frühstücksbüffet und das hochprozentige Sortiment der gemütlichen Bar, die nicht nur abends auf einen Klönschnack einlädt, runden das große Angebot des Hotels ab.
Das eingespielte Team um Familie Peters offeriert zudem interessante Wochen- und Wochenendarrangements. Diese ermöglichen mit einem Sektfrühstück und einem friesischen Menü oder dem „Eiderstedter Büfett" am Abend eine wahrlich erholsame Auszeit vom Alltag.

Dorschfilet „Fünf Weiden"

Zutaten
(für 1 Person)

Je 20 g rote Zwiebeln, Gurke, rote Paprika, Karotten, Tomaten
2 g Knoblauch
je 40 ml Sojasauce und Reiswein
160 ml Fischfond
30 ml Essig
12 g Ingwer
55 g Naturreis
240 g fangfrischer Dorsch
20 ml Zitrone
3 g Butter
5 ml Rapsöl
12 g Stärke
15 g Zucker
5 g Dill
Salz, Pfeffer

Zubereitung

Wasser zum Reiskochen aufstellen. Gemüse putzen und in Streifen schneiden. Dorsch filetieren und putzen, etwas Fett in einen Topf geben, den Ingwer und Knoblauch leicht (ohne Farbe) anschwitzen und mit Reiswein (alternativ auch mit trockenem Weißwein) ablöschen. Das Gemüse sowie die Gewürze hinzufügen und knackig garen. Den Reis ins Wasser geben und fertig garen. Jetzt die Sauce mit etwas Stärke binden und kurz danach den in Stücke geschnittenen Dorsch dazugeben und 6 Minuten in der Sauce dünsten lassen. Zum Abschluss den Reis in Formen geben und alles lecker anrichten – guten Appetit!

KULINARISCHE EMPFEHLUNGEN

Restaurant Achterdeck 34
Nissen-Lippmann GbR
Uasterstigh 5
25946 Nebel auf Amrum
Telefon 0 46 82/26 26
Telefax 0 46 82/9 60 09

Alte Druckerei. die weinstube 63
Mittelstraße 17
„Katzengang"
25938 Wyk
Telefon 0 46 81/74 86 00

Altes Landhaus Restaurant 78
Bi de Süd 22
25938 Nieblum
Telefon 0 46 81/25 72
Telefax 0 46 81/50 14 86
elke@altes-landhaus-nieblum.de
www.altes-landhaus-nieblum.de

Bistro am Siemensplatz 104
Siemensterrasse 173
27948 Helgoland
Telefon 0 47 25/64 08 61
Telefax 0 47 25/81 11 22

Blaue Maus 48
Hauptstraße 107
25946 Wittdün
Telefon 0 46 82/20 40
Telefax 0 46 82/14 79

Bunte Kuh – essen & trinken 110
Hafenstraße 1013–1018
27498 Helgoland
Telefon 0 47 25/81 13 43
Telefax 0 47 25/81 13 44
info@buntekuh-helgoland.de
www.buntekuh-helgoland.de

Bäckerei – Konditorei – Café Claussen 32
Waasterstigh 25
25946 Nebel
Telefon 0 46 82/26 43
Telefax 0 46 82/29 68

Eiergrogstube, Restaurant – Halunder Weartskep – 116
Rekwai 419
27498 Helgoland
Telefon 0 47 25/81 13 42
Telefax 0 47 25/80 07 54

Falmhotel – Ristorante Bellavista 114
Am Falm 302
27498 Helgoland
Telefon Falmhotel 0 47 25/8 14 00
Telefon Ristorante Bellavista 0 47 25/64 09 27
Telefax 0 47 25/81 40 40
martens-helgoland@t-online.de
www.helgolandferien.de

Fering Hüs – Hotel & Restaurant 60
Große Straße 40-42
25938 Wyk
Telefon 0 46 81/5 97 00
Telefax 0 46 81/59 70 37
www.feringhues.de
info@feringhues.de

Fischerhus & Norwegerstube 58
Süderstraße 6
25938 Wyk
Telefon 0 46 81/50 18 30
jacobswyk@t-online.de

Föhr-Amrumer Bank eG 68
Boldixumer Straße 21
25938 Wyk
Telefon 0 46 81/5 00 30
Telefax 0 46 81/50 03 70

Waasterstigh 21
25946 Nebel
Telefon 0 46 82/9 42 20
Telefax 0 46 82/94 22 90
info@fabank.de
www.foehr-amrumer-bank.de

Föhrer Kerzenscheune und Teestube 84
Poststraat 7
25938 Nieblum
Telefon 0 46 81/50 18 69 oder 58 01 43
Telefax 0 46 81/54 79

Frädrich Ferienwohnungen + Immobilien 54
Hafenstraße 21
25938 Wyk
Telefon 0 46 81/27 12
Telefax 0 46 81/5 05 30
info@foehrreisen.de
www.foehrreisen.de

Friedrichs, Hotel-Restaurant 28
Uasterstigh 18
25946 Nebel
Telefon 0 46 82/9 49 70
Telefax 0 46 82/94 97 17
info@hotel-friedrichs.com
www.hotel-friedrichs.com

Friesenstube, Restaurant 56
Süderstraße 8
25938 Wyk
Telefon 0 46 81/24 04
Telefax 0 46 81/9 15

Restaurant „Galerie" 108
Am Südstrand 2
27498 Helgoland
Telefon 0 47 25/64 06 58
Telefax 0 47 25/64 06 59
Restaurant.Galerie@onlinehome.de

Tee & Weinhaus Hansen 138
Kirchenstraße 8
25761 Büsum
Telefon/Telefax 0 48 34/49 66
teehansen@gmx.de

Weinhaus Hansen 138
Wulf-Isebrand-Platz 8
25746 Heide
Telefon/Telefax 04 81/6 83 56 38

Haus Schragen, Hotel-Pension-Weinstube 128
Im Bad 71
25826 St. Peter-Ording
Telefon 0 48 63/22 50
Telefax 0 48 63/14 95
fam.trott@t-online.de
www.hotel-schragen.de

Helgoländer Fährhaus, Restaurant 102
Friesenstraße 58
27498 Helgoland
Telefon 0 47 25/80 06 33
Telefax 0 47 25/64 08 22
www.helgolaender-faehrhaus.info

Hualewjonken, Restaurant 38
Uasterstigh 40
25946 Süddorf
Telefon 0 46 82/44 23 oder 12 81

Klabautermann 44
Restaurant & Kegelbahn
Hauptstraße 13
25946 Wittdün
Telefon 0 46 82/21 39
Telefax 0 46 82/16 63
jochimsen66@aol.com
www.klabautermann-amrum.de

Klein Helgoland, Café-Restaurant 72
Achtern Diek 14
25938 Wyk
Telefon 0 46 81/38 47
www.helgoland-auf-foehr.de

Café Kröger 136
Alleestraße 31
25761 Büsum
Telefon 0 48 34/96 20 33
Telefax 0 48 34/9 66 35

Landhaus an de Dün 126
Im Bad 63
25826 St. Peter-Ording
Telefon 0 48 63/9 60 60
Telefax 0 48 63/96 06 60
hotel-landhaus@t-online.de
www.hotel-landhaus.de

Landhaus Laura, Hotel Restaurant Café 74
Buurnstrat 49
25938 Oevenum
Telefon 0 46 81/5 97 90
Telefax 0 46 81/59 79 35
landhaus-laura@foehr.net
www.landhaus-laura.de

Likedeeler, Restaurant 40
Stianoodswai 29 A
25946 Steenodde
Telefon 0 46 82/7 77
Telefax 0 46 82/96 11 68
info@likedeeler-amrum.de
www.likedeeler-amrum.de

Midlumer Krog, Gaststätte und Landhotel 76
Dörpstraat 50
25938 Midlum
Telefon 0 46 81/27 64
Telefax 0 46 81/50 16 40
www.midlumer-krog.de

Hotel & Restaurant Neptun 22
Strunwai 7
25946 Norddorf
Telefon 0 46 82/12 34
Telefax 0 46 82/42 04
neptun-amrum@t-online.de
www.neptun-amrum.de

Nordsee-Tourismus-Service GmbH
Postfach 16 11
25806 Husum
Telefon 0 18 05/06 60 77
Telefax 0 48 41/48 43
info@nordseetourismus.de
www.nordseetourismus.de

Olsdorfer Krug 124
Olsdorfer Straße 13
25826 St. Peter-Ording
Telefon 0 48 63/25 00
olsdorferkrug@t-online.de

Oomes Hüs, Restaurant 24
Dünemwai 4
25946 Norddorf
Telefon 0 46 82/21 99
Telefax 0 46 82/42 83
www.haus-kiekinsee.de

café & hotel rasmus 129
Strandpromenade 1
25826 St. Peter-Ording
Telefon 0 48 63/97 10
Telefax 0 48 63/9 71 23
info@cafe-rasmus.de
www.cafe-rasmus.de

Galerie, Café, Bistro und Ferienwohnungen im Richardshof 122
Wittendüner Allee 84
25826 St. Peter-Ording
Telefon 0 48 63/70 32 20
Telefax 0 48 62/10 45 21
duenensand59@aol.com
www.richardshof.de.ki

Schloss am Meer, Hotel-Restaurant 70
Badestraße 112
25938 Wyk
Telefon 0 46 81/5 86 70
Telefax 0 46 81/50 18 66
www.hotel-schloss-am-meer.com

Schokoladen Manufaktur Helgoland 106
Siemensterrasse 146
27498 Helgoland
Telefon 0 47 25/64 08 56
wueppermann@t-online.de
www.schokoladenmanufaktur-helgoland.de

Seeblick, Hotel-Restaurant 18
Strunwai 13
25946 Norddorf
Telefon 0 46 82/92 10
Telefax 0 46 82/25 74
mail@seeblicker.de
www.seeblicker.de

Seekiste, Restaurant 30
Smääljaat 2
25946 Nebel
Telefon 0 46 82/6 40
Telefax 0 46 82/14 21

Café-Konditorei Steigleder 64
Sandwall 28
25938 Wyk
Telefon 0 46 81/44 11
Telefax 0 46 81/59 30 17

Stelly's Hüüs, Café & Töpferstube 92
Oldsum 38
25938 Oldsum
Telefon 0 46 83/3 06
Telefax 0 46 83/2 13
stellys-hues@t-online.de

Hotel Twilling Garni 132
Strandweg 10
25826 St. Peter-Ording
Telefon 0 48 63/9 66 30
Telefax 0 48 63/96 63 66
www.twilling.de
info@twilling.de

Ual Fering Wiartshüs 90
Oldsum 141
25938 Oldsum
Telefon 0 46 83/4 65
KeiSkora@aol.com

Ual Öömrang Wiartshüs, Hotel-Restaurant 26
Bräätlun 4
25946 Norddorf
Telefon 0 46 82/8 36
Telefax 0 46 82/14 32
Ual-oeoemrang-wiartshues@t-online.de
www.deramrumer.de/ual-oeoemrang-wiarts-hues/index.html

Ual Pesel 94
Lung Jaat 13
25938 Utersum
Telefon 0 46 83/9 63 61 88
Telefax 0 46 83/9 63 61 89

Ual Skinne 96
Boowen Taarep 11
25938 Utersum
Telefon 0 46 83/13 98
info@ual-skinne.de

Das Weinkontor am Glockenturm 62
Große Straße 37
25938 Wyk
Telefon 0 46 81/74 81 81
Telefax 0 46 81/74 81 82
pingu@dasweinkontor.com
www.dasweinkontor.com

„Weiße Düne", Hotel-Restaurant 42
Achtern Strand 6
25946 Wittdün
Telefon 0 46 82/94 00 00
Telefax 0 46 82/94 00 94
seesemann@weisse-duene.de
www.weisse-duene.de

Restaurant Windrose im Hotel Miramar 142
Westerstraße 21
25832 Tönning
Telefon 0 48 61/90 90
Telefax 0 48 61/90 94 04
info@miramar-hotel.de
www.miramar-hotel.de

Wollflur 88
Toftum 178
25938 Oldsum
Telefon 0 46 83/5 88
Telefax 0 46 83/96 36 86
wollflur@t-online.de
www.wollflur.de

Zum Hamburger, Restaurant & Hotel 112
Am Falm 304
27498 Helgoland
Telefon 0 47 25/81 11 90 (Restaurant)
Telefon 0 47 25/81 11 80 (Hotel)
Telefax 0 47 25/64 09 51
www.zum-hamburger.de

Zum Schlachter, Restaurant 86
Kertelheinallee 1
25938 Nieblum
Telefon 0 46 81/58 02 08
Telefax 0 46 81/58 02 06
reiner-hansen@t-online.de
www.zum-schlachter.de

Zum Steuerrad, Restaurant 46
Inselstraße 4
25946 Wittdün
Telefon 0 46 82/99 40 40
zum.steuerrad@t-online.de

Verzeichnis der Rezepte

Helgoländer Angeldorsch auf Tomaten-Lauchgemüse 103

Dorschfilet „Fünf Weiden" 143

Amrumer Fischpfanne 29

Friesentorte 130

Gamberoni Bellavista 115

Heide im Nebel 49

Hornhecht auf geschmorten Gurken mit Dillsauce 91

Gegrillter Hummer mit Hummersauce 109

Krakauer Kirsch-Käse-Streusel 73

Föhrer Kohlpudding 61

Amrumer Lammröllchen 39

„Seeblicker" Lammschulter im Römertopf 19

Amrumer Meeräsche 27

Meerforelle von Maître Luc à l'unilatérale… 97

Überbackene Miesmuscheln 47

Mohnkuchen 93

Himbeer-Panna Cotta und „Geeiste Föhrer Luft" im Krokantkörbchen 71

Pannfisch (Gebratenes Seelachsfilet mit Bratkartoffeln und Senfsauce) 111

Geschmorte Rehkeule 125

Salzwiesenlammrücken im Strudelteig 43

Büsumer Sandgebäck 137

Schnitzel „Friesische Art" 45

Gefülltes Schollenfilet 77

Gebratene Schollenfilets auf Spinatgemüse mit Krabbensauce 95

Schornsteinfeger 31

Schweinemedaillons „Landhaus" mit Bauernsalat und Baguette 81

Seeteufel „Hanseaten-Art" 113

Gratiniertes Steinbeißerfilet 75

Steinbeißerfilets garniert mit Lauchzwiebelgemüse 25

Wolfsbarsch im Speckmantel auf süß-saurem Linsengemüse 41

Zanderfilet à la Friesenstube 57

ISBN-13: 978-3-86528-333-7

ISBN-13: 978-3-86528-343-6

ISBN-13: 978-3-86528-341-2

ISBN-13: 978-3-86528-338-2

KULINARISCHE ENTDECKUNGSREISEN ...

... DURCH DIE SCHÖNSTEN URLAUBSREGIONEN

ISBN-13: 978-3-86528-340-5

ISBN-13: 978-3-86528-335-1

ISBN-13: 978-3-86528-348-1

ISBN-13: 978-3-86528-347-4

ISBN-13: 978-3-86528-349-8

ISBN-13: 978-3-86528-346-7

ISBN-13: 978-3-86528-350-4

ISBN-13: 978-3-86528-345-0

ISBN-13: 978-3-86528-351-1
24,1 cm x 27,6 cm

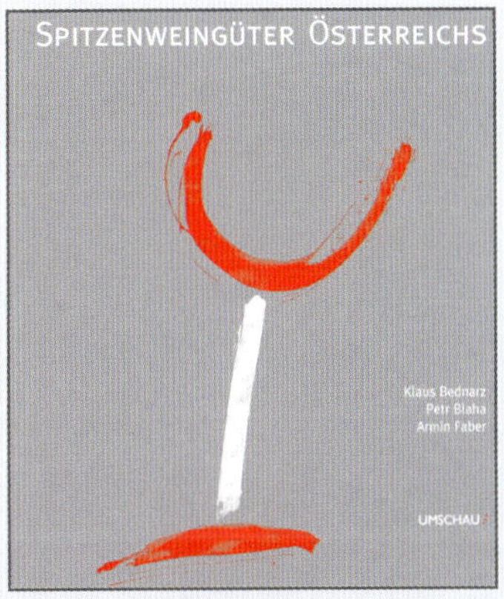

ISBN-13: 978-3-86528-303-0
24,1 cm x 27,6 cm

ISBN-13: 978-3-86528-339-9
24,1 cm x 27,6 cm

ISBN-13: 978-3-86528-329-0
24,1 cm x 27,6 cm

IM FRÜHJAHR UND SOMMER 2007 ERSCHEINEN ...

Peter Sawallich, Regina Jacobsen
Eine kulinarische Entdeckungsreise – Amrum, Föhr, Helgoland und St. Peter-Ording mit Büsum, Heide und Tönning
152 Seiten, 180 Farbfotos, Rezepte und 1 Karte
ISBN-13: 978-3-86528-352-8

Katrin Lipka, Ulrike Kirmse
Eine kulinarische Entdeckungsreise durch Hamburg und das Alte Land
208 Seiten, 400 Farbfotos, Rezepte und 1 Karte
ISBN-13: 978-3-86528-356-6

Gertrud und Eberhard Löbell, Thomas Rathay
Eine kulinarische Entdeckungsreise durch Schwaben
216 Seiten, 400 Farbfotos, Rezepte und 1 Karte
ISBN-13: 978-3-86528-344-6

Gustav C. Buchal, Mechthild Schneider
Eine kulinarische Entdeckungsreise durch den Schwarzwald
128 Seiten, 300 Farbfotos, Rezepte und 1 Karte
ISBN-13: 978-3-86528-337-5

Sabine Letz, Gregor Staltmaier, Christian Bullinger
Trends und Lifestyle in München
168 Seiten, 350 Farbfotos, Rezepte und 1 Karte
24,1 cm x 27,6 cm
ISBN-13: 978-3-86528-353-5

Claudia Schweikard, Matthias Stelzig, David Schildknecht, Björn Kray Iversen
Spitzenweingüter Deutschlands
208 Seiten, 400 Farbfotos, Rezepte und 1 Karte
24,1 cm x 27,6 cm
ISBN-13: 978-3-86528-336-8

Silke Martin, Frank Preussner, Christin Kasri, Fernando Terry
Trends und Lifestyle in Frankfurt, Mainz, Wiesbaden und Umgebung
Ca. 168 Seiten, 350 Farbfotos, Rezepte und 1 Karte
ISBN-13: 978-3-86528-357-3

Tosca Maria Felle, Christian Schneider
Eine kulinarische Entdeckungsreise durch Tirol und Vorarlberg
Ca. 224 Seiten, 450 Farbfotos, Rezepte und 1 Karte
ISBN-13: 978-3-86528-358-0

Claus Spitzer-Eversmann, André Chales de Beaulieu
Eine kulinarische Entdeckungsreise durch Hannover und Umgebung
Ca. 200 Seiten, 350 Farbfotos, Rezepte und 1 Karte
ISBN-13: 978-3-86528-359-7

Carmen Nehm, Christian Schneider
Eine kulinarische Entdeckungsreise durch das Allgäu
Ca. 176 Seiten, 300 Farbfotos, Rezepte und 1 Karte
ISBN-13: 978-3-86528-361-0

Karina Schmidt, Michael Fischer
Eine kulinarische Entdeckungsreise durch Hohenlohe-Franken und das Heilbronner Land
Ca. 160 Seiten, 300 Farbfotos, Rezepte und 1 Karte
ISBN-13: 978-3-86528-362-7

Wolfgang Faßbender, Christiane und Heinz Anschlag
Eine kulinarische Entdeckungsreise entlang des Niederrheins
Ca. 288 Seiten, 450 Farbfotos, Rezepte und 1 Karte
ISBN-13: 978-3-86528-360-3

* Sofern nicht anders angegeben, haben alle Titel ein Format von 24,1 cm x 30,6 cm.

Alle Titel erhalten Sie bei Ihrer örtlichen Buchhandlung. Für weitere Informationen über unsere Reihe wenden Sie sich direkt an den Verlag:

UMSCHAU

Neuer Umschau Buchverlag | Theodor-Körner-Straße 7 | D-67433 Neustadt/Weinstraße
Telefon +49 (0) 63 21 / 877-852 | Telefax +49 (0) 63 21 / 877-859
e-mail: info@umschau-buchverlag.de | www.umschau-buchverlag.de

IMPRESSUM

Gestaltung, Satz und Reproduktion
tiff.any GmbH, Berlin

Recherche und Texte
Peter Sawallich, Westerland

Fotografie
Regina Jacobsen, Schellhorn

Karte
Thorsten Trantow, Kenzingen

Herausgeberin
Katharina Többen, Neckargemünd

Lektorat
Viola Pusceddu

Druck und Verarbeitung
Colorprint, Hongkong

Printed in China
ISBN 978-3-86528-352-8

Die Ratschläge in diesem Buch sind vom Autor und dem Verlag sorgfältig erwogen und geprüft, dennoch kann eine Garantie nicht übernommen werden. Eine Haftung der Autoren und des Verlages für Personen-, Sach- und Vermögensschäden ist ausgeschlossen. Die Rezepte sind üblicherweise für 4 Personen ausgerichtet.

Besuchen Sie uns im Internet
www.umschau-buchverlag.de

Umschlagfotografie
Regina Jacobsen, Schellhorn
Die Foodaufnahme zeigt *Kabeljau in Muschel-Gartenkräuter-Sud*, zubereitet vom Hotel-Restaurant Schloss am Meer, Wyk (S. 70/71).

Wir bedanken uns für die freundlicherweise zur Verfügung gestellten Fotos bei:
Hotel-Restaurant „Weiße Düne", Wittdün (S. 42 oben); Blaue Maus, Wittdün (S. 49 rechts oben); Frädrich Ferienwohnungen und Immobilien, Wyk (S. 54/55); Hotel-Restaurant Fering Hüs, Wyk (S. 60 rechts oben, S. 61 oben zwei Bilder); © Lilo Tadday (S. 108, links über Adressfeld geschnitzter Korb aus Kürbis); Bunte Kuh, essen & trinken, Helgoland (S. 111 unten links); Falmhotel und Ristorante Bellavista, Helgoland (S. 114 oben links); Landhaus an de Dün, St. Peter-Ording (S. 126/127); www.nordseetourismus.de, Günter Pump (S. 140 rechts); Hotel Miramar, Tönning (S. 142/143).

Peter Sawallich

Regina Jacobsen